格致方法·定量研究系列　吴晓刚　主编

用面板数据做因果分析

[美] 史蒂芬·E.芬克尔(Steven E.Finkel) 著

李　丁译

SAGE Publications ,Inc.

格致出版社　　上海人民出版社

出版说明

　　由香港科技大学社会科学部吴晓刚教授主编的"格致方法·定量研究系列"丛书，精选了世界著名的 SAGE 出版社定量社会科学研究丛书，翻译成中文，起初集结成八册，于 2011 年出版。这套丛书自出版以来，受到广大读者特别是年轻一代社会科学工作者的热烈欢迎。为了给广大读者提供更多的方便和选择，该丛书经过修订和校正，于 2012 年以单行本的形式再次出版发行，共 37 本。我们衷心感谢广大读者的支持和建议。

　　随着与 SAGE 出版社合作的进一步深化，我们又从丛书中精选了三十多个品种，译成中文，以飨读者。丛书新增品种涵盖了更多的定量研究方法。我们希望本丛书单行本的继续出版能为推动国内社会科学定量研究的教学和研究作出一点贡献。

总　序

　　2003年，我赴港工作，在香港科技大学社会科学部教授研究生的两门核心定量方法课程。香港科技大学社会科学部自创建以来，非常重视社会科学研究方法论的训练。我开设的第一门课"社会科学里的统计学"（Statistics for Social Science）为所有研究型硕士生和博士生的必修课，而第二门课"社会科学中的定量分析"为博士生的必修课（事实上，大部分硕士生在修完第一门课后都会继续选修第二门课）。我在讲授这两门课的时候，根据社会科学研究生的数理基础比较薄弱的特点，尽量避免复杂的数学公式推导，而用具体的例子，结合语言和图形，帮助学生理解统计的基本概念和模型。课程的重点放在如何应用定量分析模型研究社会实际问题上，即社会研究者主要为定量统计方法的"消费者"而非"生产者"。作为"消费者"，学完这些课程后，我们一方面能够读懂、欣赏和评价别人在同行评议的刊物上发表的定量研究的文章；另一方面，也能在自己的研究中运用这些成熟的方法论技术。

　　上述两门课的内容，尽管在线性回归模型的内容上有少

量重复,但各有侧重。"社会科学里的统计学"从介绍最基本
的社会研究方法论和统计学原理开始,到多元线性回归模型
结束,内容涵盖了描述性统计的基本方法、统计推论的原理、
假设检验、列联表分析、方差和协方差分析、简单线性回归模
型、多元线性回归模型,以及线性回归模型的假设和模型诊
断。"社会科学中的定量分析"则介绍在经典线性回归模型
的假设不成立的情况下的一些模型和方法,将重点放在因变
量为定类数据的分析模型上,包括两分类的 logistic 回归模
型、多分类 logistic 回归模型、定序 logistic 回归模型、条件
logistic 回归模型、多维列联表的对数线性和对数乘积模型、
有关删节数据的模型、纵贯数据的分析模型,包括追踪研究
和事件史的分析方法。这些模型在社会科学研究中有着更
加广泛的应用。

　　修读过这些课程的香港科技大学的研究生,一直鼓励和
支持我将两门课的讲稿结集出版,并帮助我将原来的英文课
程讲稿译成了中文。但是,由于种种原因,这两本书拖了多
年还没有完成。世界著名的出版社 SAGE 的"定量社会科学
研究"丛书闻名遐迩,每本书都写得通俗易懂,与我的教学理
念是相通的。当格致出版社向我提出从这套丛书中精选一
批翻译,以飨中文读者时,我非常支持这个想法,因为这从某
种程度上弥补了我的教科书未能出版的遗憾。

　　翻译是一件吃力不讨好的事。不但要有对中英文两种
语言的精准把握能力,还要有对实质内容有较深的理解能
力,而这套丛书涵盖的又恰恰是社会科学中技术性非常强的
内容,只有语言能力是远远不能胜任的。在短短的一年时间
里,我们组织了来自中国内地及香港、台湾地区的二十几位

研究生参与了这项工程,他们当时大部分是香港科技大学的硕士和博士研究生,受过严格的社会科学统计方法的训练,也有来自美国等地对定量研究感兴趣的博士研究生。他们是香港科技大学社会科学部博士研究生蒋勤、李骏、盛智明、叶华、张卓妮、郑冰岛,硕士研究生贺光烨、李兰、林毓玲、肖东亮、辛济云、於嘉、余珊珊,应用社会经济研究中心研究员李俊秀;香港大学教育学院博士研究生洪岩璧;北京大学社会学系博士研究生李丁、赵亮员;中国人民大学人口学系讲师巫锡炜;中国台湾"中央"研究院社会学所助理研究员林宗弘;南京师范大学心理学系副教授陈陈;美国北卡罗来纳大学教堂山分校社会学系博士候选人姜念涛;美国加州大学洛杉矶分校社会学系博士研究生宋曦;哈佛大学社会学系博士研究生郭茂灿和周韵。

参与这项工作的许多译者目前都已经毕业,大多成为中国内地以及香港、台湾等地区高校和研究机构定量社会科学方法教学和研究的骨干。不少译者反映,翻译工作本身也是他们学习相关定量方法的有效途径。鉴于此,当格致出版社和SAGE出版社决定在"格致方法·定量研究系列"丛书中推出另外一批新品种时,香港科技大学社会科学部的研究生仍然是主要力量。特别值得一提的是,香港科技大学应用社会经济研究中心与上海大学社会学院自2012年夏季开始,在上海(夏季)和广州南沙(冬季)联合举办《应用社会科学研究方法研修班》,至今已经成功举办三届。研修课程设计体现"化整为零、循序渐进、中文教学、学以致用"的方针,吸引了一大批有志于从事定量社会科学研究的博士生和青年学者。他们中的不少人也参与了翻译和校对的工作。他们在繁忙的学习和研究之余,历经近两年的时间,完成了三十多本新书的翻译任务,使得"格致方法·定量研究系列"丛书更加丰富和完善。他们是:东南大学社会学系副教授洪岩璧,香港科技大学社会科学部博士研究生贺光烨、李忠路、王佳、王彦蓉、许多多,硕士研究生范新光、缪佳、武玲蔚、臧晓露、曾东林,原硕士研究生李兰,密歇根大学社会学系博士研究生王骁,纽约大学社会学系博士研究生温芳琪,牛津大学社会学系研究生周穆之,上海大学社会学院博士研究生陈伟等。

陈伟、范新光、贺光烨、洪岩璧、李忠路、缪佳、王佳、武玲蔚、许多多、曾东林、周穆之,以及香港科技大学社会科学部硕士研究生陈佳莹,上海大学社会学院硕士研究生梁海祥还协助主编做了大量的审校工作。格致出版社编辑高璇不遗余力地推动本丛书的继续出版,并且在这个过程中表现出极大的耐心和高度的专业精神。对他们付出的劳动,我在此致以诚挚的谢意。当然,每本书因本身内容和译者的行文风格有所差异,校对未免挂一漏万,术语的标准译法方面还有很大的改进空间。我们欢迎广大读者提出建设性的批评和建议,以便再版时修订。

我们希望本丛书的持续出版,能为进一步提升国内社会科学定量教学和研究水平作出一点贡献。

吴晓刚
于香港九龙清水湾

目 录

序

面板数据(或译"跟踪调查数据")是指在不同时点对相同样本个体进行重复观察所得的数据。舆情调查就是一个典型的例子,在这种调查中,被抽中的个体将被调查访问两次(比如,年份1和年份2),每一次都询问相同的问题。与常规的截面设计相比,跟踪调查设计有很多值得称赞的地方,特别是它允许更强的因果推论,因为它将因果过程的时间维度明确考虑在内。来看一个假设的例子,假定政治学教授Alice Green研究了某次法国选民调查(在时间 t 上进行的)中的左—右派意识形态认同(I)与投票意向(V)之间的关系。通过使用这一截面数据,她将 V_t 对 I_t 做回归(再加上控制变量,统一用 Z_t 表示)后,发现意识形态认同与投票意向高度相关:

$$V_t = a + bI_t + cZ_t + e_t \qquad [1]$$

不过,Green教授怀疑这种关系在理论上是错误的,至少部分是虚假的。她认为,首先,可能因为"习惯的力量",上一次投票意向 V_{t-1} 会影响当前的投票意向 V_t。另外,以往的意

识形态认同 I_{t-1} 会影响当下的意识形态认同 I_t。并且,她认为意识形态认同 I_t 本身就受到投票意向 V_t 的影响。总之,她认为模式如下:

$$V_t = a + bV_{t-1} + cI_t + dZ_t + e_t \qquad [2]$$

$$I_t = a' + b'I_{t-1} + cV_t + c'Z_t + u_t \qquad [3]$$

方程 2 和方程 3 所刻画的模型与方程 1 截然不同。可惜,Green 教授凭借一个时点 t 的截面样本是无法估计出第二个模型的。不过,如果该调查是某个已经在时间 $t-1$ 上完成了第一轮调查的跟踪调查的第二轮,那她应该能估计出第二个模型(假定她还采取了必要的步骤以确保模型可识别)。这就是面板研究设计所承诺的理论功效及统计力量。

在本书中,Finkel 博士阐明了面板数据带来的因果推论机会,以及如何克服各种分析障碍的方法。对于后者,他举例指出了对像方程 2 和方程 3 这样的模型进行一般最小二乘回归估计的不足。由于互为因果问题,两阶段最小二乘法或 LISREL 程序成为必要,对这两种方法,Finkel 在书中都进行了认真的介绍。另外,与自相关有关的某些假定必须满足,以使模型得到识别。除了这些问题外,测量误差对面板数据的影响尤为严重。正如 Finkel 所证明的,当这一因素被考虑时,(模型的)结论可能大不相同。为了演示如何处理测量误差,他从简单的单指标、二期模型一直讲到更复杂的模型,如三指标、三期模型。

此外还有一点也很重要,本书让读者明白,只有满足了一些假定,才能进行有意义的参数估计。另外,为了方便研究实践,书中提供了大量的真实数据应用案例。其中,有两个数据集用得恰到好处,一个是 1987 年至 1989 年前联邦德国抗议行为的跟踪调查,另一个是 1980 年美国大选跟踪调查。总之,在假定读者已掌握回归分析及 LISREL 用法基础上,Finkel 博士为我们提供了清晰易读而又十分先进的面板分析技术。

迈克尔·S. 刘易斯-贝克

第 1 章

导 论

　　面板数据在社会科学中通常被用来对个体变化及社会变迁理论进行检验,这种数据由来自相同个体或单位在几个时点上的信息构成。和静止的截面分析相比,面板分析最重要的特征在于,它将变化本身明确地包含在设计中,从而使个体(或其他层次的单位)在一系列变量上的变化得到直接测量。面板数据应该和另外两种形式的纵贯数据区别开(Menard, 1991):"重复截面"或"趋势"数据,这种数据由在不同的时点上向多个不同单位收集的相同变量信息组成;另外一种是"时间序列"数据,这种数据所含的观察结果来自同一个个体在不同时点上的多个变量(Ostrom, 1978)。面板数据的不同之处在于,它包含了多个观察单位在相同变量上的多次重复测量数据。[1]

　　本书对适用于面板数据分析的各种模型进行了概览,特别关注了跟踪调查优于截面研究设计的主要领域:变量间因果关系的分析。众所周知,变量 X 与 Y 之间若要存在因果关系,则必须满足如下条件(Menard, 1991:17):(1)X 和 Y 必须共变,在非实验研究中表现为两变量间的相关系数不为 0;(2)从时间上看,X 必须在 Y 之前;(3)这种相关不是"虚假"的,或者说,并不是由 X 和 Y 与第三个变量或其他一系列变量的相关造成的。成功的因果推论还必须基于对所关注变量的准确测量，当观察变量的随机或非随机测量误差未被考虑和处理时，因果作用的统计估计就可能是不正确的（Berry & Feldman，1985；Carmines & Zeller，1979）。截面数据尽管能提供第一个相关条件上的证据，但在提供时间先后关系、相关非虚假性的证据以及在设置纠正测量误差模型方面十分局限。我们后面将清楚地看到，面板数据在这些方面具有绝对优势。

在截面分析中，对变量的单时点测量使时间先后顺序的判断非常困难，从而无法排除：X 和 Y 之间的共变关系是由于 Y 导致 X，或是通过相互因果关系造成的。相反，面板分析中对相同单位的 X 和 Y 的历时测量，使研究者设置某种必定满足时间先后标准的模型——每个变量的早前取值会对其他变量后来的取值造成影响——成为可能。另外，一旦怀疑变量间存在相互因果关系，面板分析能在假定限制条件比在截面分析中少的情况下，估计出变量间带反馈效应的非递归模型。面板分析在控制可能使 X 和 Y 之间的关系部分或完全成为虚假关系的外部变量方面也非常有用。在截面分析中，只有通过在统计模型中实际纳入外部变量，才能对虚假关系进行检验，但在面板分析中，即便是由某些不可测量的因素造成的虚假也能被检验。最后，在面板数据中拟合测量误差模型比在截面数据中所必需的限制性假定少，分析者可利用新增的历时观察对变量的因果作用和测量属性进行估计。在上述所有方面，跟踪调查设计（面板设计）允许对因果关系进行比在截面数据下更严格的检验，所以说，它比其他观察研究设计更接近于在实验方法下才可能进行的、对于因果关系的控制性检验。

本书将讨论两种使用面板数据进行因果分析的互补性观点。书中将呈现面板数据强化因果推论过程的多种方式，接下来的章节将演示如何估计各种含有不同时滞设定、交互影响及测量不尽人意的变量的模型。与此同时，本书强调面板数据并不是非实验研究设计下解决因果推论问题的万灵丹。本书将表明，所有方法和模型都依赖于它们各自的一套需要在给定条件下被论证和合理化的假定。如果这些假定不堪一击或可能导致不合理的经验性结论，研究者想要对分析得出的因果结论怀有信心，就必须对其他替代模型进行估计和比较。

自从 Markus 的著作《面板数据分析》(*Analyzing Panel Data*)出版以来，有关面板分析的文献迅猛增长。本书试图突出不同学科及不同分析传统的学者在面板数据分析上作出的贡献。但有些主题难以全部囊括，例如，本书仅集中关注分析定距因变量的线性模型，而 Markus(1979：第 2 章)介绍了离散型面板数据的分析技术，Plewis(1985：第 6—7 章)对新近的研究做了概括。本书的讨论主要限于面板模型的估计和解释问题，暂不讨论与面板案例流失和死亡相关的问题以及与跟踪调查受访者的自我选择有关的偏差问题。关于这些主题的出色讨论，读者可以参看 Kessler 和 Greenberg(1981：第 12 章)以及 Menard(1991：第 4 章)的作品。

如果读者想从后面的展示中得到最大收益，就要对多元回归和因果建模方法有所了解(Asher, 1983；Berry, 1984；Berry & Feldman, 1985)。同时建议读者对更一般的结构方程方法，如 LISREL 或 EQS 等有所了解，因为这些程序现在

已经是面板分析的常规工具了。有关 LISREL 的介绍，可以
参考 Long(1983a、1983b)；关于 LISREL 和其他方法更为具
体的讨论，可以看下列文献：Bollen(1989)、Bentler(1985)、
Hayduk(1987)、Jöreskog 和 Sörborm(1976)、McArdle 和
Aber(1990)以及 McDonald(1980)。在本书有些章节，我们
会用LISREL框架来展示和讨论一些模型，以方便应用这些
方法，但这些模型同样可以用 EQS 或其他结构方程软件进
行估计。书后的附录对 LISREL 符号系统做了概要介绍。

第 **2** 章

用面板数据对变化进行建模

面板数据含有每个个体或单位的各个变量在 t 及 $t-1$、$t-2$ 等时点上的测量结果,时点多少取决于观察的轮数/期数。因此,我们有可能通过使用各个变量早前及当下的取值信息来建构和估计因果模型。滞后(延迟[①])因变量 Y 或"滞后内生"变量的存在允许我们直接分析 Y 的历时变化,如果我们能够表明变量 X 与 Y 的变化(ΔY)有关,那么由此提供的 X 与 Y 之间存在因果关系的证据要比从静态的截面设计中可能获得的直接得多。此外,面板数据同时含有 X 的当下值和滞后值,使我们可以对 X 和 Y 之间的因果作用进行各种不同的设置。除了估计 X_{t-1} 对 ΔY 的影响外,研究者还可以创建一个变量,以代表 X 在不同调查轮次间的变化,然后将 Y 或 ΔY 建模为 X_{t-1}、X_t、ΔX 或这些变量的某种组合的函数。

不过,尽管 X 和 Y 的当下值及早前值同时存在,为研究者分析(事物的)变化提供了重要的新信息,但在面板模型中设置这些变量作用的确切方法并非如此显而易见。在本章,

---

① Lagged,翻译为"滞后""延宕""延迟"。指早前发生的事情或变量对后来的事情或变量具有延续性的影响。具有这种影响的变量被称为"滞后变量"或"延宕变量"。——译者注

我们将看到,在大多数情况下,较好的面板分析模型只是通过因变量滞后值 Y_{t-1} 及一系列自变量 X 来估计因变量当下值 Y_t 的"稳定得分"或"条件性变化"方程的某种变体。接着,我们将告诉大家是否选择 X_t、X_{t-1} 和/或 ΔX 作为自变量,主要取决于各轮观察之间的间隔长度以及对 X 到 Y 的滞后性因果作用的性质及时间性的理论假定。最后,在后面几章里,我们会更具体地讨论估计和解释面板模型时的几个潜在问题。

第 1 节 | 变化得分模型与滞后内生变量的角色

"无条件的"变化得分模型

使用面板数据估计自变量 X 对因变量 Y 变化的影响的办法之一,从截面分析中常用模型的拓展开始:

$$Y_t = \beta_0 + \beta_1 X_t + \varepsilon_t \qquad [2.1]$$

其中 Y_t 和 X_t 为某个体或案例在时间 t 上的因变量及自变量取值,ε_t 为误差项。要在这一方程中纳入其他被观察的自变量并不会遇到新麻烦,这里给出只含两个变量的简单模型是为了讲解的方便。面板数据中,同一个变量会在一个以上的时点被测量,这些新增测量可以为模型参数的估计提供重要的信息。假定自变量在两次测量之间发生了一定程度的变化,且 X 与 Y 之间的因果过程与在时间 $t-1$ 时的相同,也就是说 $\beta_{1t-1} = \beta_{1t}$,那么,从方程 2.1 中减去一个使用时点 $t-1$ 的 X、Y 和 ε 值表示的类似方程即可得到:

$$Y_t - Y_{t-1} = (\beta_{0t} - \beta_{0t-1}) + \beta_1(X_t - X_{t-1}) + (\varepsilon_t - \varepsilon_{t-1})$$

或者 $\qquad\qquad\qquad\qquad\qquad\qquad\qquad\qquad [2.2]$

$$\Delta Y = \Delta\beta_0 + \beta_1 \Delta X + \Delta\varepsilon$$

　　该方程表示 Y 的变化对 X 的变化的简单回归,被称为面板分析的"无条件的变化得分法"或"一阶差分法"(Allison,1990;Liker,Augustyniak & Duncan,1985)。

　　这一方程在几方面优于对应的截面方程 2.1。首先,通过在分析中使用真实的变化得分,该方程直接对变量在个体或单位层面的变化的决定因素进行建模,不像在截面分析中,自变量的"变化"对因变量的"变化"的回归估计完全基于同一时点上不同单位间的变异。这一优势是所有面板模型都具备的。更确切地说,无条件的变化得分法控制了方程 2.1 中某些被遗漏的解释变量或被计量经济学称为"个体固定效应"的东西。如果真实的解释模型包括某些未知或因为某种原因无法被纳入模型的恒定自变量(Z),如下列方程所示:

$$Y_t = \beta_0 + \beta_1 X_t + \beta_2 Z + \varepsilon_t \qquad [2.3]$$

那么,对 β_1 的截面估计将会有偏,偏差程度与 X 和 Z 的相关程度一致(因为 Z 被整个归入了方程 2.1 的误差项)。

　　不过,如果假定这些被遗漏的 Z 变量对 Y 的影响保持不变,那么,经过差分过程,它们会从方程 2.2 中被完全消除:

$$\Delta Y = \Delta\beta_0 + \beta_1 \Delta X + \beta_2 \Delta Z + \Delta\varepsilon$$
$$\Delta Y = \Delta\beta_0 + \beta_1 \Delta X + \Delta\varepsilon \qquad [2.4]$$

由于方程 2.4 中 Z 的混淆影响已被移除,自变量 ΔX 不再和误差项 $\Delta\varepsilon$ 相关,因为方程 2.3 中对应的 X_t、X_{t-1} 被假定与 ε_t 及 ε_{t-1} 不相关。因此,方程 2.4 能得到 X 对 Y 的因果作用的无偏估计,而方程 2.1 和方程 2.4 估计的 β_1 之差就代表了截面模型方程 2.1 由于遗漏相关恒定变量 Z 而导致的错误设定偏差的大小。正因为这种特性,"即便模型只被部分设定,面板数据分析仍能对模型中自变量的影响进行一致的估计"
（Arminger，1987：339）。这无疑是面板模型相对截面模型的
一个明显优势。

不过，尽管一阶差分模型或无条件的变化得分面板模型
在估计此种错误设定的模型上很有用，但它含有一个极为严
格的假定：滞后因变量（或"滞后的内生变量"）Y_{t-1} 对 Y_t 和
ΔY 都没有影响。后面我们将看到，这一假定可能是不正确
的，正因为如此，将无条件变化模型作为结构模型来分析变
化通常是错误的。[2]

稳定得分或条件变化模型

将滞后因变量纳入方程 2.1 即得到所谓的稳定得分或
条件变化面板模型（Plewis，1985），如下所示：

$$Y_t = \beta_0 + \beta_1 X_t + \beta_2 Y_{t-1} + \varepsilon_t \qquad [2.5]$$

在这一模型中，Y_t 由其早前值 Y_{t-1}、同期自变量 X 及一个被
假定方差恒定、不存在自相关、不与 X_t 或 Y_{t-1} 相关的误差项
来解释。当 X 不恒定且在多个时点得到测量时，X_{t-1} 甚至 X
的其他滞后值的影响同样可被纳入模型，这会在后面再进行
讨论。

这一模型同样可以用 ΔY——因变量的历时变化——来
表达，只要从方程 2.5中减去 Y_{t-1} 就可得到：

$$\Delta Y = \beta_0 + \beta_1 X_t + (\beta_2 - 1)Y_{t-1} + \varepsilon_t \qquad [2.6]$$

从这一设定可以看到，在稳定得分模型中，X 对 Y 的因果作
用 β_1 可被解释为控制因变量初始值后，X 对 ΔY 的因果作

用,而方程 2.6 中 Y_{t-1} 对 ΔY 的影响就是方程 2.5 中 Y_{t-1} 对 Y_t 的稳定效应减去 1。

前面讨论的无条件变化模型也可以用 Y_t 和 Y_{t-1} 进行表达,通过将 Y_{t-1} 移到方程 2.4 的右边并限定其因果作用等于 1 即可:

$$Y_t = \Delta\beta_0 + \beta_1 \Delta X + Y_{t-1} + \Delta\varepsilon \qquad [2.7]$$

有时,无条件变化模型被认为只是稳定得分公式的一种被限定形式(Hendrickson & Jones, 1987)。这是不正确的,因为 Y_{t-1} 必然与方程 2.7 中的误差项($\varepsilon_t - \varepsilon_{t-1}$)相关,但 Y_{t-1} 被假定与方程 2.5 中的误差项 ε_t 无关(Allison, 1990:103)。这意味着两个模型在设定上存在根本差别,对分析者来说,或估计方程 2.4 的无条件变化模型,或估计方程 2.5 或方程2.6 的稳定得分模型。在非实验研究中有不少理由支持我们选择稳定得分模型。

稳定得分模型的实际合理性

首先,有大量的理由可以假定 Y_{t-1} 是 Y_t 或 ΔY 的原因之一。在政治、社会或心理的态度分析中,早前倾向会对倾向的当前状态或其历时变化产生一定的因果作用。例如,对现任总统某个月的表现表示赞赏的人,至少会部分因为他们此前的态度而更有可能对总统下个月的表现表示支持。另一个例子是,一个人以往的收入不仅是当前收入的良好预测变量,并且确实对当前收入具有因果作用,因为有钱人采取的投资策略带来的收入增长比穷人所做的经济决定带来的增长大得多(Plewis，1985:59)。在官僚主义决策制定模型中，通常假定一个机构以往各年的预算或支出会对当年的开支额度产生一定的因果影响。一般而言，只要因变量的当前状态(或因变量的变化)直接由以往状态所决定，那么在这种情况下，要想正确设定模型，就必须纳入滞后因变量。相反，如果变量在每个时期都必须"重生"，那么将早前值纳入模型作为当前状态的预测因素也就没有什么实质基础了。[3]

向均值回归

即便没有明确的实际理由支持滞后 Y 变量的纳入，稳定得分模型从统计上来讲也具有合理性。其原因在于，遗漏滞后 Y 变量将无法顾及变化分析中最常见的现象之一：变量初始值与其后续变动之间极可能存在的负相关或者通常所说的"向均值回归"。由于某个时点，Y 取值较大的个体或单位在后续时点的取值将偏小，而取值较小的个体，后续取值将偏大。对于这一倾向的忽略，将使无条件变化得分模型估计结果有偏，偏差程度与解释变量 X(或 ΔX)和 Y 的初始值的相关程度一致。

"回归效应"导致面板数据中 Y_{t-1} 与 ΔY 负相关的原因很多。Y 的随机测量误差是其中之一。因为 Y_{t-1} 取值较大的原因可能是测量误差较大，而这种误差在下一轮调查时将趋于变小。在极端情况下，Y"事实上"根本没有变化，全部的观察变化都是由测量误差造成的，而且可以看到，只要测量误差方差一直保持不变，Y_{t-1} 与 ΔY 之间的协方差就会等于 Y 的误差方差的相反数(Dwyer，1983:339)。另外，"向均值回归"在测量完美的情况下也能存在。因为 Y_{t-1} 取值极端,部分是由于较大的误差项 ε_{t-1}(代表所有被遗漏变量及纯随机因素的影响)造成的,而误差项在下一轮调查中趋向变小,所以 Y 的变化很可能与 Y_{t-1} 负相关。如果情况真是这样,那么忽略 Y_{t-1} 会导致对所有同时与 Y_t 及 Y_{t-1} 正相关的自变量 X 对 ΔY 的影响的低估。

回归效应在面板数据中并非总是出现,但已经证明一旦下述条件得到满足,一个变量的初始值与其后续变化之间的负相关就会出现:(1)该变量各个时期的取值并非完美相关;(2)其方差相对固定(Bohrmstedt,1969;Kessler & Greenberg,1981;Nesselroade,Stigler & Baltes,1980)。在此类情况下,将 Y_{t-1} 纳入回归模型是控制此种现象的方式之一,并可对分析作出如下解释:在 Y_{t-1} 的固定水平上,也就是说,在考虑了 Y 的初始值与后续变化之间的负影响后,自变量 X 是否会影响 Y 的变化? 不过,在第 4 章中我们将看到,如果回归效应是因 Y_{t-1} 的测量误差造成的,那么模型还需要进一步修正。

负反馈作用

在面板模型中纳入滞后 Y 变量的另一个理由来自社会系统的稳定性概念。如果一个因果系统会在未来某个时期达到一个固定平衡点使每个案例的 Y 取值保持不变,除非系统本身被某种外部干扰因素所改变,那么它就被认为是"稳定的"(Arminger,1987;Dwyer,1983)。虽然经验研究所分析的绝大多数系统尚未达到平衡,但可以证明系统的稳定性

要求 Y_{t-1} 对 ΔY 存在"负反馈"效应(Coleman，1968)。试想，如果 Y_{t-1} 对 ΔY 的影响是正向的，那么 Y 将无限扩张；假如 Y_{t-1} 为负值，那么随着时间的变化，Y 将越来越负；如果 Y_{t-1} 为正数，那么 Y 会越来越正。无论何种情况，Y 的方差都会不断"爆炸"，这在绝大多数社会——心理系统中，都被认为是不可能发生的(尽管在技术上并非不可能)。因此，Y_{t-1} 对 ΔY 的负向影响会引导系统趋向平衡：当 Y 超出平衡水平时，它就会降低；当 Y 低于它的平衡水平时，它就会提高。

Y_{t-1} 对 ΔY 的此种负反馈也被解释为某些通过模型而被遗漏的、将 Y_{t-1} 与 Y_t 连接起来的因果路径的代理变量。Coleman(1968)声称，Y_{t-1} 对 Y_t 的积极影响(即 Y_{t-1} 对 ΔY 的负效应)可以被看做：

> 经验系统中尚不为正式(因)系统所知道的所有反馈链条的代理者。当正式系统更加完善时，这一系数应该趋近于 0。因此，该系数的大小可以用来评估对经验系统作出表征的完善程度。(1968:441)

> 从这个角度来看，将因变量的早前水平纳入模型，至少可以部分控制影响 Y_t 变化的被遗漏的变量。不过，作为这种角色，滞后的 Y 具有一种不同的"认识论地位"，而非一个实际意义上对 Y_t 构成直接因果作用的变量，其估计效应的解释也因此需要相应调整。(Arminger，1987；Liker et al.，1985)

部分调整

滞后 Y 值被纳入某些面板模型，是为了估计一些其他理论上相关的参数。例子之一是最先在经济学中流行起来的部分调整模型。在这种模型中,需要用自变量进行解释的是某种未知的、"可欲的"、"最优的"或"目标"值(Y_t^*)而非因变量的实际值(Y_t),因此,其实际方程为:

$$Y_t^* = \beta_0 + \beta_1 X_t + \varepsilon_t \qquad [2.8]$$

Y_t^* 常常被看做前面已经描述过的 Y 的均衡水平,但渴望值 Y^* 还可代表其他目标,如一个组织的目标。用理性行动的术语来说,就是能够给个体带来最大效用的 Y 值(Tuma & Hannan, 1984:339)。

根据这一模型,个体或组织一直力求使 Y 与 Y^* 之间的差异最小化,但 Y 的实际变化只等于 Y_t^* 与 Y_{t-1} 差异的一部分 α。也就是说,由于惯性、无知或者阻止变迁的结构性因素等影响,每个时期只能"部分地调整"Y 的渴望值与实际值之间的差距。这一想法可以表述如下:

$$Y_t - Y_{t-1} = \alpha(Y_t^* - Y_{t-1}) \qquad [2.9]$$

其中,系数 α 表示调整系数,或者说是从 $t-1$ 到 t 期间,渴望值与实际值之间的差距被缩小的程度。将方程 2.8 中的 Y_t^* 值代入方程 2.9,即得到估计方程:

$$Y_t - Y_{t-1} = \alpha\beta_0 - \alpha Y_{t-1} + \alpha\beta_1 X_t + \alpha\varepsilon_t \qquad [2.10]$$

这一方程与条件变化模型方程 2.6 有着同样的一般形式——以 Y_{t-1} 及 X_t 来解释 ΔY。从方程 2.10 中可以看到,Y_{t-1} 对 ΔY 的回归作用等于调整参数 α 的相反数,估计的作用越接近于-1,在给定时间内,调整的 Y 越接近其"渴望"值或平衡值。从估计方程 2.10 中得到的 X_t 的回归作用有两种解释方式：从初始形式来看，它代表调查轮次间 X_t 对 Y 或 ΔY 的短期作用；将这一取值除以 α 即得到方程 2.8 中的 β_1，后者代表 X_t 对平衡值或渴望值 Y_t^* 的长期作用。因此，部分调整模型提供了一种不同但具有互补性的理由，以支持在面板模型中纳入 Y_{t-1} 作为 ΔY 的解释变量。[4]

第 2 节 ｜ 稳定得分模型的估计

我们将用来自 1987 年至 1989 年前联邦德国跟踪调查的数据示范说明稳定得分模型。当初进行这一调查是为了模拟和解释政治抗议活动中的个体参与(关于这一研究及其抽样过程的更多细节,请参阅 Finkel,Muller & Opp,1989)。这里,我们感兴趣的两个变量在两轮调查中都得到测量,一个是个体合法抗议潜能指标(PROTEST$_1$ 及 PROS-TEST$_2$)的对数得分,这一指标是用个体过去八种非暴力行为的参与情况对某些未来行为意向组合进行加权测量得到的,这些非暴力行为包括为请愿书收集签名和参加合法游行示威等;另一个是群体成员资格指标(GROUPS$_1$ 及 GROUPS$_2$),这一变量代表受访者从属的、他们自己认为会鼓励抗议行为的群体组织的数量。时间 $t-1$ 时的抗议潜能可能通过一个部分调整过程与时间 t 时的抗议潜能连接起来,在此,Y_t^* 代表使个体效用最大化的抗议水平,而群体成员资格变量(GROUPS$_2$)则代表社会压力或群体动员过程的一个部分,正是通过这一过程,个体从参与中得到效用。由于这一原因,同样也因为上面已经描述过的统计原因,我们设定了稳定得分模型以代表 X 和 Y 之间的历时关系。在这一章中,我们假定 GROUPS 和 PROTEST 之间的因果关系是单向的。

如果稳定得分模型中的误差项被假定与 X_t 和 Y_{t-1} 都不相关,那么模型系数通过一般最小二乘(OLS)回归就可得到一致的估计。在这种假定下,OLS 通常产生的估计不仅一致(即在 N 趋近无穷大的过程中,估计结果将趋近于总体真值)且无偏(即来自随机样本的无穷多个估计,既不会高估也不会低估真实参数),但是,当滞后因变量被纳入递归模型时,OLS 估计将含有一个随着 N 变大而趋近于 0 的偏差(Johnston,1972)。因此,存在滞后因变量的 OLS 估计仍具有一致性,但从技术上来讲并非无偏。本例来自 OLS 估计的结果如下:

$$\text{PROTEST}_2 = 0.22 + 0.10\ \text{GROUPS}_2 + 0.40\ \text{PROTEST}_1$$

$$[2.11]$$

$$(0.02)\ (0.02) \qquad\qquad (0.04)$$

$$\underline{0.30} \qquad\qquad\qquad \underline{0.40}$$

括号中的数字为标准误,标准化系数为带下划线的数字,模型的确定系数 R^2 为 0.34。这一结果表明,控制因变量的原初水平后,每多一个个体在 1989 年参加群体组织,将使 1989 年抗议潜能的对数增加 0.10,且该作用在常规水平上统计显著。这一模型也可以这样解释:在控制原初抗议水平的情况下,1989 年的群体资格每增加一个,将导致抗议潜能在 1987 年到 1989 年间变化 0.10。1987 年的抗议潜能对 1989 年的抗议潜能的稳定作用是 0.40,这一效应同样在统计上显著。与之等价的解释是,1987 年的抗议潜能对两轮调查间抗议水平的变化的作用是(0.40−1)或−0.60。从部分调整的观点来看,α等于0.60,这意味着从一个时期到下一个时期,抗议水平被其最优(平衡)水平调整了60%。从长期因果作用来看,群体成员资格指标每增加一个单位,对抗议潜能的最优或平衡水平的影响为0.17(0.10除以0.60,即根据方程2.10,将估计的β_1除以α)。

第3节 | 其他滞后设定

刚才估计的模型规定自变量 GROUPS 对同一时点的 PROTEST 具有影响,也就是说,X_t 被假定导致 Y_t。事实上,我们不能说 X"即刻"造成了 Y,而只能说,相对于两轮测量之间的时间间隔,X 影响 Y 的因果时滞很短。[5]但这种"同步"或"同时"效应设定只是多种可供试探的设定之一,通过跟踪调查数据对这些设定进行试探,可以确定 X 对 Y 的因果作用。如果 X 对 Y 构成影响的时滞间隔充分长,但仍短于两轮调查之间的间隔,那么滞后作用模型可能更合适,在这种模型中,Y_t 是 Y_{t-1} 和 X_{t-1} 的函数。如果 X 一直保持高度稳定,不同的设定选择并不会带来太大差异,因为这与从 X_{t-1} 或 X_t 对 Y_t 进行因果作用估计得到的结果相似。但如果 X 在不同调查轮次之间发生显著变化,那么由因果时滞设置不当所可能造成的偏差将相当大。

为变量之间的作用设定合适的时滞结构是面板分析(及其他纵贯分析)中最难的问题之一,之所以如此,原因大致有二:第一,研究者通常不确定在理论上,X 需要花多长时间才能对 Y 造成影响。如果一个人参加了某种具有抗议取向的群体或次级组织,到底需要经过一天、一个星期、三个月,还是六个月,其抗议倾向才能被强化呢? 第二,即使知道理论上的因果时滞，也无法保证这一间隔与观察轮次之间的间隔一致，因为管理的方便性、资金的可获得性之类的因素和实际关心的因素一样，决定着追踪调查的测量间隔。由于这种不确定性，面板分析中，时滞结构的设定首先应该在理论指导下进行，其次才以特定研究情境下的经验证据为依据。

离散时间面板模型

　　X 和 Y 之间的因果滞后关系的重要方面之一是，变化究竟是"跳跃式"地离散发生，还是持续不断地进行。例如，议会选举结果，每隔一个固定的两年就变化一次，而对总统的评价在为期四年的任期内几乎是连续变化的。连续时间过程的面板模型由 Coleman(1968)发展而来，最近又得到了 Tuma 和 Hannan(1984)的发展，我们将在下一节对这些方法进行更详细的描述。如果对象的变化被假定是离散地发生的，那么时滞结构的设置首先应该基于一种事先预期——X 究竟需要花多长时间才能对 Y 产生影响？同时要结合考虑跟踪调查各轮测量之间的间隔。如果缺乏明确的理论指导对模型时滞长度进行恰当的设定，分析者可以尝试以经验的方式决定因果时滞。

　　例如，在后面的章节中，我们将就非法伙伴群体涉入情况对青少年自身越轨行为的影响进行分析。在这个例子中，X 和 Y 之间的因果时滞应该相对较短，希望一个青少年二至三年前的伙伴群体影响其现在的行为可能是不合理的。因此，如果每隔三年才收集一次面板数据，"滞后作用"模型就不是合适的设定，而"同步"效应模型能更好地描述违法伙伴对青少年违法犯罪的因果作用。不过，如果隔 1 或 2 个月就收集一次数据,那么滞后作用设定会更合适,因为这一间隔与伙伴群体中的社会压力、计划等因素促成违法行为实际所需的时间更对应。

在理论上,我们可能要求一个模型同时具有滞后作用和同步作用。请试想,压抑或痛苦的人生经历对个体当前的心理健康造成的影响。若跟踪调查周期只有一年或两年,那么有理由认为当前痛苦的生命事件会对同期的心理健康造成影响。同时,两年以前的生命事件(X_{t-1})也会对当前的心理健康具有挥之不去的直接影响,或通过一些不可测量的变量,如个体的身体状态、工作业绩之类的因素,对当前健康形成间接影响(Kessler & Greenberg,1981:78—79)。

在单向因果模型中,同时纳入 X_t 和 X_{t-1} 不会带来估计上的严重问题(除变量非常稳定时可能出现的高度共线性问题外),因此,如下形式的模型可被估计,从而为寻找恰当的滞后因果关系提供一些线索:

$$Y_t = \beta_0 + \beta_1 X_t + \beta_2 Y_{t-1} + \beta_3 X_{t-1} + \varepsilon_t \qquad [2.12]$$

这一方程在直观上更好地代表了自变量的变化与因变量的变化之间的关系。通过使用等式 $X_t = X_{t-1} + \Delta X$,这一方程的系数可用 X 的变化重新表述。方程 2.12 可以表达为:

$$Y_t = \beta_0 + \beta_2 Y_{t-1} + (\beta_1 + \beta_3) X_{t-1} + \beta_1 \Delta X + \varepsilon_t \ [2.13]$$

请注意,方程 2.13 中 ΔX 对 Y_t 的效应 β_1 与方程 2.12 中 X_t 对 Y_t 的效应相同。换言之,X 的变化对 Y_t 有影响即意味着,在控制了 X 和 Y 的初始值后,X_t 对 Y_t 有影响(Kessler & Greenberg,1981:10)。

方程 2.13 的参数可以通过这些代数运算得到,也可通

过将 X_1 和 ΔX 作为解释变量纳入回归模型而直接得到（这还能得到对应的标准误）。类似的运算同样可以用来将方程 2.12 变为 ΔX 和 X_2 的表达式。[6]这些模型在代数上是等价的，因此，结果的实质性解释取决于模型的理论假定。如在政治稳定模型中，不稳定程度很可能被假定与一个国家当前的经济水平（X_2）负相关，但正如快速经济增长是"失稳力量"这一假设所示，它也可能受到一段时间内经济水平变化（ΔX）的正向影响。而在政治竞选对投票者的影响模型中，可能假定个体投票行为同时取决于某些初始特征（例如，对现任管理者的表现的认同程度 X_1）和选举期间的突发事件造成的认同程度的变化（ΔX）（Finkel，1993）。因此，将 X 的当前值与滞后值作为 Y 的变化的预测变量纳入其中的方程可以有多种解释方式，具体取决于模型的实际关怀。

我们对群体资格—抗议行为例子中的稳定得分模型进行了再次估计，将 1987 年的群体资格变量 $GROUPS_1$ 纳入，作为 1989 年的抗议倾向的解释变量。从理论上讲，如果群体发动的抗议行为在事前相当长的时间内就已计划展开，那么群体成员资格对抗议行为的影响就会存在一定程度的滞后。但是为期两年的观察间隔相对于滞后间隔可能又太长了，因而同步作用模型可能更好。OLS 估计结果支持这一观点。用 X_{t-1} 和 Y_{t-1} 解释 Y_t 的纯滞后作用模型表明，GROUPS 对 PROTEST 的作用比方程 2.13 代表的同步模型小得多：

$$PROTEST_2 = 0.22 + 0.04\ GROUPS_1 + 0.47\ PROTEST_1$$

$$[2.14]$$

$$(0.02)\ (0.02) \qquad\qquad (0.05)$$

$$\underline{0.11} \qquad\qquad\qquad \underline{0.47}$$

括号中是标准误,标准化系数为带有下划线的数字,R^2 为 0.28,比同步模型中的小。估计一个同时含有 $GROUPS_1$ 和 $GROUPS_2$ 作为自变量的稳定得分模型,结果如下:

$$PROTEST_2 =$$

$$0.22 + 0.11\ GROUPS_2 + (-0.01)\ GROUPS_1 + 0.40\ PROTEST_1$$

$$[2.15]$$

$$(0.02)\quad(0.02)\qquad\qquad(-0.02)\qquad\qquad(0.04)$$

$$\underline{0.31}\qquad\qquad\underline{-0.02}\qquad\qquad\underline{0.40}$$

括号中为标准误,标准化系数为带有下划线的数字,R^2 为 0.34。这一结果表明,在控制了 Y 变量及群体资格两者的滞后影响后,当前的群体成员资格与抗议倾向显著相关。控制当前群体成员资格变量后,滞后群体成员资格变量在统计上不显著,并且对模型解释力的贡献不大。根据方程 2.13,$GROUPS_2$ 的影响同样可以解释为,在控制滞后的群体成员资格变量及滞后的抗议倾向变量后,群体成员资格数的变化对 $PROTEST_2$ 的影响。

连续时间面板模型

上一节讨论了在既定的(调查)时间间隔下,估计 X 的作用落实到 Y 上的恰当时滞结构的方法。如果理论时滞长度与观察轮次间的时长对应,滞后作用模型就较合适;如果时滞长度比各轮调查间的间隔短得多,那么同步作用模型会更好。不过,在有些面板模型中,X 对 Y 的影响几乎可以看做是连续地发生的,而不是在各轮观察之间离散地跳跃发生。例如,个体的党派身份对他们对总统候选人的态度的影响在整个竞选过程中持续存在,因为随着时间的变化,个体会根据其内在的政党忠诚度不断调整对主要政党候选人的评价。企业组织多少会不断调整其雇用基数以应对环境中的经济力量。此类模型直观上及理论上都更适合分析社会科学家通常研究的很多因变量,如态度及其他社会—心理概念、组织变迁、人口流动等等。在这种情况下,特定时点所进行的测量代表的只是用以观察因果过程的纯粹人为间隔内的变化,分析者的任务是要发现 Coleman 所说的"变化的基本参数"。下面即可看到,估计连续时间模型所用的方法与离散时间模型类似,但对参数的解释显著不同。

我们通过模拟 Y 对时间 t 的导数来表达基本的连续时间模型:

$$\frac{dY_t}{dt} = c_0 + c_1 X_t + c_2 Y_t \qquad [2.16]$$

Y 对 t 的导数这一概念来自代表 Y 的瞬间变化速率——也就是说,t 变化无穷小时 Y 的变化量——的初级计算公式。根据这一方程,变化量的大小同时取决于给定时点上的 X 值和 Y 值。还有很多其他模型可以用来预测 Y 的变化速率(例如,将速率预测为常数或时间的函数等),但方程 2.16 最具理论吸引力,它将 Y 的瞬间变化速率作为 Y 及其他被假定对 Y_t 具有因果作用的变量的函数。

要估计这一模型,解或"求导"这一微分方程就能将 Y 的当前值表达为 $t-1$ 到 t 期间,方程 2.16 中各变量的累积效应。暂且假定外生变量 X 为恒定变量,求导方程 2.16,得到如下结果:

$$Y_t = \frac{c_0}{c_2}(e^{c_2 \Delta t} - 1) + \frac{c_1}{c_2}(e^{c_2 \Delta t} - 1)X + e^{c_2 \Delta t}Y_{t-1} \quad [2.17]$$

其中，e 为自然对数，Δt 为各轮调查间的时间间隔。如果在方程 2.17 中加上一个随机误差项以概括 Y_t 的其他原因，那么这一方程可被看做方程 2.5 稳定得分模型的另一种形式，以 X 和 Y_{t-1} 作为自变量对 Y_t 进行预测：

$$Y_t = \beta_0 + \beta_1 X + \beta_2 Y_{t-1} + \varepsilon_t \qquad [2.18]$$

与离散时间模型中的回归系数不同，连续时间估计模型中的 β_k 代表的是方程 2.17 中系数 c 和测量间隔的复杂非线性函数。不过，只要满足关于残差项的标准假定，且没有设定错误或测量误差，β_k 就可以通过 OLS 进行估计，而上面的系数 c——对应"变化的基础参数"——可以这样反求出来：

$$c_0 = \beta_0 \frac{\ln \beta_2}{\Delta t(\beta_2 - 1)}$$

$$c_1 = \beta_1 \frac{\ln \beta_2}{\Delta t(\beta_2 - 1)} \qquad [2.19]$$

$$c_2 = \frac{\ln \beta_2}{\Delta t}$$

一个例子

我们将用 1980 年美国全国选举跟踪调查数据来说明上述方法，这一数据包含了对随机抽中的 763 名符合选举年龄的成年人的调查结果，调查分别在 1980 年的 1 月、6 月、9 月和 11 月进行。有关总统选举期间的态度变化的研究显示，对于候选人的态度受到个体政党忠诚倾向的直接影响，因而高度认同共和党或者民主党的个体,对自己政党推举的候选人的评价在竞选结尾阶段比开始时更为积极,但对反对党候选人的评价,随着时间推移会越来越差(Markus,1982)。在该研究中,受访者被要求在一个 100 分的"感觉温度计/民意评分"量表上,对两个主要的政党候选人——共和党的罗纳德·里根(Ronald Reagan)及民主党的吉米·卡特(Jimmy Carter)——打分,在此基础上构建出一个变量,代表对两个候选人的打分差异,使正数得分表示对里根的评价更高,而负数得分表示对卡特的评价更高。在下面的分析中,我们将 6 月这一变量称为 $THERM_1$,而 9 月为 $THERM_2$。我们用 6 月的一个 7 分政党认同量表作为自变量,取值从"坚定的民主党员"一直到"坚定的共和党员"。下面的系数、标准误及标准化系数是从方程 2.18 的 OLS 估计中得到的:

$$THERM_2 = -2.05 + 3.74\ PID_1 + 0.66\ THERM_1$$

$$[2.20]$$

$$(0.99)\ (0.54)\qquad\ (0.03)$$

$$\underline{0.20}\qquad\quad \underline{0.65}$$

两个自变量的系数都统计显著,模型总的确定系数 R^2 为 0.59。估计结果为 1980 年竞选过程中"(候选人)民意评分"的党派极化假设提供了支持。政党认同度朝支持共和党方向每增加 1 个单位,与个体 6 月到 9 月间对候选人的相对态度评分向支持里根(反对卡特)的方向变化 3.74 个单位显著相关。在控制政党认同后,6 月的评价水平对 9 月的评价水平的效应为 0.66,也就是说,这一模型表明,6 月的评价得分对 6 月至 9 月间评价得分变化的作用是 $-0.34(0.66-1)$。

从连续时间的角度来看，方程 2.20 中的系数可用于求出潜在微分方程中的系数 c，这一系数描述了政党认同对候选人评价变化的瞬时速率的影响。根据方程 2.19 的相等关系，如果假定 Δt 取值为 3 与两轮调查间为期 3 个月的间隔对应，那么候选人评分 (Y_{t-1}) 对 Y 相对于时间 t 的导数的作用为 -0.14，而政党认同 (X_{t-1}) 的作用为 1.53，截距 c_0 的估计结果为 0.88。

这些系数给出了有关这一因果系统的重要信息。第一，系统是稳定的，也就是说，由于存在系数 c_2 (-0.14) 所代表的"负反馈"作用，它最终会达到平衡。第二，特定案例的均衡 Y 值，可以通过令导数式等于 0 来求解，即 $Y = (-c_0 - c_1 X_1)/c_2$。因此，如果个体在选举开始时的政党认同得分为 3（对应"坚定的共和党人"），那么模型预测的均衡 Y 值为民意差异量表得分 39.1；一个坚定的民主党人（政党认同得分为 -3）的均衡值则为 -26.5。第三，系数 c_2 的大小表示 Y 向其均衡值移动的速度。如果 c_2 很小（比如值很大的负数），那么在来自 X 的外生效应影响下，Y 移向均衡点的速度将非常快。当 c_2 变大时，Y 趋向稳定状态的速度将不断变小。在这里，c_2 取值 -0.14 表明 Y 趋向均衡的过程较慢。如果潜在的实际模型被看做一个部分调整过程，Y 不断调整以趋向某一目的或期望的效应目标，那么可以证明调整参数 α 等于方程 2.16 中系数 c_2 的相反数（Tuma & Hannan, 1984：337—338）。在此，α 估计值 0.14 表明 Y 趋向渴望目标的速度非常慢，这和均衡论解释是一样的。

连续时间模型可以被扩展以处理外生变量在跟踪调查期间发生变化的情况。在这种情况下，要想反求出方程 2.16

中的系数 c，就必须对 X 的历时变化模式作出一些假定。在 X 的变化为线性模式的简单假定下，估计模型中增加另外一个因素（ΔX）后所得到的积分方程的解要在方程 2.17 中加上如下部分：

$$\frac{c_1}{c_2}\left[\frac{e^{c_2\Delta}-1}{c_2\Delta_t}-1\right]\Delta X \qquad [2.21]$$

在这一方程中，ΔX 前面的数量即用 Y_{t-1}、X_{t-1} 及 ΔX 预测 Y_t 的回归模型的系数 β_3。

如果 Y 到 X 之间不存在反馈效应，并且误差项表现良好，这一模型同样可以用 OLS 方法进行估计。对于政党认同的例子，这种估计的结果为：

$$\text{THERM}_2 = -1.61 + 4.33\,\text{PID}_1 + 0.64\,\text{THERM}_1 + 3.27\,\Delta\text{PID} \qquad [2.22]$$

$$(-0.97)(0.23) \qquad (0.03) \qquad (0.96)$$

$$\underline{0.63} \qquad \underline{0.23} \qquad \underline{0.08}$$

括号中的数字为标准误，带下划线的数字为标准化系数，R^2 为 0.59。要将 OLS 系数转化为微分方程中的参数 c，就必须首先根据上面的方程 2.19 从 β_2 估计出 c_2，然后利用其他两个回归系数产生 PID 效应 c_1 的两个估计：一个来自类似方程 2.19 的系数 β_1，另一个来自系数 β_3：

$$c_1 = \frac{\beta_3\,c_2^2\,\Delta t}{\beta_2 - 1 - \ln\beta_2} \qquad [2.23]$$

在这个例子中，从系数 β_1 估计的 c_1 取值为 1.79，而从 β_3 估计的 c_1 取值为 2.57。不管是哪一个，都表明早前在外生变量固定不变的假定下得到的系数 1.53 低估了政党认同对候选人评分变化瞬时速率的真正影响。Tuma 和 Hannan(1984)讨论了将这两个取值组合起来并从数据中得到关于 c_1 的多种最佳估计方法,从简单的代数平均值一直到混合的最大似然估计法。[7] 因此,连续时间模型中 X_{t-1} 及 ΔX 对应的两个系数被用来提供 X 对 Y 的"连续同步"影响的单一估计。

第 4 节 ｜ 面板模型估计中的问题

上述讨论看起来会让人以为面板数据背景下的因果推论只是一个简单的问题：设定连续或离散的稳定得分模型，通过 OLS 回归对因果作用进行估计，然后将其解释为控制 Y_{t-1} 后，X 对 Y_t 或 ΔY 的影响。但即使是在最基本的稳定得分方程中，也存在几个妨碍因果推论成功进行的障碍，这些潜在问题经常使一般最小二乘法不适合作为面板分析的估计程序。最重要的问题来自如下可能的模型设定错误。

第一，互为因果。如果 X_t 和 Y_t 在一个交互因果系统中相互影响，那么 OLS 将产生有偏且不一致的参数估计，从而必须寻找其他需使用更多变量或更多观察轮次的估计量。

第二，测量误差。如果 Y_{t-1} 未被准确测量，那么其对 Y_t 的实际影响将无法得到确切估计，也就不适合作为 Y 的前期水平与后续变化间常见的负向关系的恰当控制。确实，如上面讨论过的，Y_{t-1} 的测量误差是 Y_{t-1} 与 ΔY 之间负相关的可能根源之一，但试图通过直接在模型中纳入 Y_{t-1} 以纠正问题，又会因为自变量带有误差时的有关统计估计问题而引入新的偏差。这种偏差通常会低估 Y_{t-1} 对 Y_t 的影响，高估其他解释变量的影响。

第三，被遗漏变量或自相关的扰动项。最后，被遗漏变量可能给面板模型带来几种类型的偏差。除了由被遗漏变量与观察自变量之间的相关而导致的常规设定偏差外，面板模型中被遗漏变量还能导致外生变量不同时期的误差项之间的自相关。这又会使 Y_{t-1} 和 ε_t 之间产生非零相关，最终使稳定得分模型中 Y_{t-1} 对 Y_t 效应的 OLS 估计不一致。如果其他自变量与 Y_{t-1} 相关，自相关扰动项也会使它们对 Y_t 影响的估计有偏。

稳定得分模型中的这些设定与估计问题将成为本书剩余部分讨论的内容。尽管这些问题给成功的因果推论带来了巨大的障碍，但我们将看到，在这些困难面前，跟踪调查数据往往能提供足够的信息以成功估计出这些参数。另外，这些问题中很多是在所有经验研究中都存在的，而且在后面我们将看到，和截面分析相比，跟踪调查数据为研究者控制这些问题提供了大得多的力量。

第 **3** 章

交互因果模型

　　上一章的模型都假定 X 和 Y 之间为单向关系，也就是说，只有 X 影响 Y，不存在相反的影响。在部分情况下，这一假定完全适用。例如，在分析种族等先天特征对个体收入变化的影响模型中，或者模拟成年前期的经历对后来的政治及社会取向的研究中，变量之间的时间顺序（进而潜在的因果次序）是清楚的。在另一些情况下，理论原因将避免对交互因果关系的检验，例如，在试图模拟一组被长期观察的国家中经济指标对政府声望的影响的研究中就是这样。在这种模型中，X_t、X_{t-1} 和（或）ΔX 可以被当做相应方程中的外生变量来对待，而参数估计可以通过 OLS 回归获得。再者，如果没有测量误差或自相关误差项的假定无法满足，可以通过后面的章节即将讨论的其他方法来获得。

　　不过在很多分析中，单向因果假定是站不住脚的，而且实际上，进行跟踪数据分析的主要原因之一就是为了确定所关注的变量之间的因果顺序。例如，在前面的章节中，我们假设群体成员资格会影响一个人的抗议行为倾向，而个体长期的政党认同会决定其在一次竞选过程对总统候选人的感觉，但是有关的参与及组织动员理论认为，参与抗议活动可能会导致个体参与更多具有抗议倾向的组织，而政治参与理论认为,对政治候选人的态度也会改变个体长期的政党认同。在这些情况下,不同理论将使我们怀疑 X 和 Y 之间存在交互因果关系。

相对于截面分析,面板数据在检验变量间可能存在的交互因果作用上具有绝对优势。由于截面数据是在一个时点上收集的,交互效应模型中只能设定一个变量对另一个变量的同步或同时因果作用,而且对交互因果作用的估计需要通过将外部变量整合进"工具变量"分析或二阶段最小二乘分析来进行(Berry,1984)。不过,下面我们将看到,这些方法成功与否取决于模型是否满足几个有关这些外部变量与 X、Y 及相应方程的扰动项的关系的严格假定。如在第 2 章中看到的,面板设计的历时特性允许研究者估计带滞后因果作用的模型,在这种模型中,X 的早前值会影响 Y 的未来取值(或 Y 的变化)或者相反(Y 的早前值会影响 X 的未来值)。另外,带有同步或同时因果作用的模型可以在不对外部工具变量的影响作出假定的情况下得到识别和估计,这些假定可能是靠不住的,但在截面研究中却是必要的。

本章将展现在交互作用模型中使用面板数据协助进行因果推论的主要内容。我们将强调面板设计是估计交互因果作用的有力手段,尽管它们无法提供自动"证明因果关系"的方法。交互因果关系的估计总是发生在特定的假设模型中,这些模型所包含的假定在特定情境下(是否成立)必须进行论证。具体来讲,二期数据交互效应模型所涉及的一系列可能的严格假定与在截面研究中一样,只有通过纳入外部变量才能被放宽。但三期或多期面板模型只需给因果参数较少的限制,就能被估计出来。

第 1 节 │ 交叉滞后作用模型

二期数据模型

对可能的交互效应进行估计的最基本的模型是将上一章讨论过的滞后作用稳定得分模型(方程 2.14)扩展成两个因变量的形式,每个因变量在时间 2 上的取值都由其早前值及另一个相关变量在时间 1 上的取值来解释。该模型用路径图的形式呈现在图 3.1 中。X_1 和 X_2 分别代表一个变量(如群体成员资格数)在两轮调查中的取值,而 Y_1 和 Y_2 分别代表另一个变量(如抗议倾向)在两个时点上的测量结果。X_2 和 Y_2 被假设由它们各自在第一轮调查中的取值和另一个变量的滞后值以及误差项 U 来决定。第一轮变量之间的相关由图 3.1 中的 ρ_1 代表,第二轮方程中结构性扰动项之间的相关由 $\rho_{U_1 U_2}$ 表示。两个结构方程可以写成如下形式:

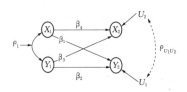

图 3.1　带交叉滞后作用的二期数据模型

$$Y_2 = \beta_1 X_1 + \beta_2 Y_1 + U_1$$
$$X_2 = \beta_3 Y_1 + \beta_4 X_1 + U_2 \qquad [3.1]$$

上述模型中的所有变量都被表达成离均差的形式以消除截距项。

交叉滞后模型在面板分析中用途广泛。当因变量的变化按离散时间过程被拟合时,只要因果时滞约等于各轮测量间的间隔,交叉滞后模型就是适用的。当因变量的变化连续发生时,可以证明交叉滞后模型代表一组微分方程的积分解,在该组方程中,X 和 Y 的瞬时变化速率相互决定,如下所示:

$$\frac{dY_t}{dt} = c_0 + c_1 X_t + c_2 Y_t$$
$$\frac{dX_t}{dt} = c_3 + c_4 Y_t + c_5 X_t \qquad [3.2]$$

与上一章讨论过的单方程连续时间模型一样,方程 3.1 中的 β_k 是方程 3.2 中的"变化基础参数"c 以及各轮调查间的时间的非线性函数。从 β_k 计算系数 c 时,所涉及的复杂数学运算已经超出了本书的范围,感兴趣的读者可以从 Arminger(1986)、Coleman(1968:448—452)以及 Tuma 和 Hannan(1984:第 11—12 章)的著作中找到更详细的内容。就我们的目的而言,只需知道当因果系统是从一个变量到另一个变量的连续交互反馈系统时,交叉滞后模型"在因果作用的方向上一般是不会犯错的"(Dwyer,1983:352)就足够了。

另外可能注意到,这一交叉滞后模型对应于时间序列分析中所谓的因果关系的"葛兰杰检验",后者断定在控制第二个变量早前取值的情况下,只要第一个变量在时间 $t-1$、

$t-2$ 等的测量值中,有任意一个对第二个变量在时间 t 的取值存在显著影响,那么第一个变量就是第二个变量的"葛兰杰原因"(Gujarati, 1988:542—543)。在二期数据情况下,它被简化为方程 3.1 所示的模型,而在多轮跟踪数据下,所得为通过 Y 和 X 在时间 $t-1$、$t-2$ 等的取值来预测 Y 和 X 在时间 t 上的取值的交叉滞后模型。

交叉滞后模型的估计

起初,有人认为通过比较两个变量间的交叉滞后相关,即 $\rho X_1 Y_2$ 和 $\rho Y_1 X_2$,就可以确定变量间的因果方向。人们认为,如果以 X_1 和 X_2 为代表的变量对以 Y_1 和 Y_2 为代表的变量的因果作用比反方向的作用大,那么 $\rho X_1 Y_2$ 将大于 $\rho Y_1 X_2$。不过,后来无数学者的证明发现,这一推理过程是靠不住的,因为图 3.1 中变量间的交叉滞后相关是由好几个因素造成的:

$$\rho X_1 Y_2 = \beta_1 + \rho_1 \beta_2$$
$$\rho Y_1 X_2 = \beta_3 + \rho_1 \beta_4$$

[3.3]

可以看到,交叉滞后相关不仅包含变量间的因果作用,还包括每个变量的历时稳定性以及第一轮时两个变量间的交互相关。因此,如果 Y 的稳定性强于 X 的稳定性,那么即使 β_3 大于 β_1,X_1 和 Y_2 之间的交叉滞后相关也会大于 X_2 和 Y_1 之间的交叉滞后相关(Markus, 1979:48—49)。由于因果作用的比较只有通过直接复原 β_1 和 β_3 才能进行,因此,回归及结构方程法已经不再将交叉滞后相关分析作为确定因果方向及强度的方法了。不过,在第 5 章中我们将看到,交叉滞后相关的比较对跟踪数据分析确实有一些用处,它可以检验某些变量间带有虚假相关的限制性模型。

在误差项 U 的均值为 0、方差恒定,且与滞后外生变量 X_1 和 Y_1 无关的假定下,交叉滞后模型的参数可以通过一般最小二乘回归得到一致的估计。如前面已经提过的,这一模型中最让人感兴趣的是第一轮变量 X_1 和 Y_1 分别与 Y_2 和 X_2 之间的交叉滞后作用,因为它们被假定代表一个变量对另一个变量的因果作用。用上一章讨论过的变化得分语言来说,在控制 Y_1 的情况下,X_1 对 Y_2 的影响代表 X_1 对 Y 的历时变化的影响;控制 X_1 后的 Y_1 对 X_2 的影响可进行同样的解释。通过 X_2 和 Y_2 方程的 R^2 就能看出滞后变量对因变量的方差的解释程度,而误差项 U_1 和 U_2 之间的相关则代表未被模型中的交叉滞后(或连续时间)因果过程及稳定效应所解释的 X_2 和 Y_2 之间的共变。

将第 2 章中用群体资格数解释德国人合法政治抗议倾向的分析拓展一下,就可对这一方法进行示例说明。在前面,我们假定抗议倾向与群体成员资格之间是单向因果关系,但对图 3.1 所示的交叉滞后模型的估计结果显示,两个变量对对方都有显著的影响。这一模型的 OLS 估计结果(包括括号中的非标准化回归系数、标准误以及带下划线的标准化系数)为:

$$\text{PROTEST}_2 = 0.22 + 0.04\ \text{GROUPS}_1 + 0.47\ \text{PROTEST}_1$$

$$[3.4]$$

$$(0.02) \qquad\qquad (0.05)$$

$$\underline{0.11} \qquad\qquad \underline{0.47}$$

其调整的 R^2 为 0.28。另一个为：

$$GROUPS_2 = 0.01 + 0.58\ PROTEST_1 + 0.46\ GROUPS_1$$
$$(0.14) \qquad\qquad (0.05)$$
$$\underline{0.20} \qquad\qquad\quad \underline{0.42}$$

其 R^2 为 0.29。两个方程中的回归系数都统计显著。这一结果表明，根据这一模型，第一轮调查时，个体拥有的鼓励抗议群体的成员资格数对两轮调查间抗议倾向的变化有影响；而第一轮调查时的抗议倾向对两轮调查间个体所属的鼓励抗议的群体数的变化也有显著的影响。事实上，抗议倾向对群体资格数的影响的大小是我们在第 2 章关注过的反向因果作用的将近两倍。模型中两个外生变量的结构扰动因素之间的相关为 0.22，与 1989 年 PROTEST 及 GROUPS 间观察到的相关系数 0.46 相比，这意味着直接观察到的两个变量间的相关的一半已被模型中设定的稳定效应及交叉滞后作用所解释。其他因素可能包括同步因果作用和与被遗漏外部变量的共同相关，可解释 X_2 和 Y_2 之间其余的共变。

三期或多期交叉滞后模型

当有三期或多期数据时，可使用之前讨论过的方法分别估计各个时期（$t > 1$）的交叉滞后模型。不过，更为常见的办法是使用 LISREL 或相关结构方程软件在整体模型中对这些系数进行同时估计，因为这些技术可以扩展以处理带有测量误差及自相关扰动项的复杂模型，并提供模型相对于其他设定情况的相对拟合优度，还允许对系数进行限定以估计我们关心的某些理论效应。

例如,现在我们有三期数据可用来估计 1980 年竞选期间,个体的政党认同(X)与对总统候选人的评价(Y)之间可能存在的交互因果关系。根据我们前面的讨论,如果假定这些变量之间的交互影响在竞选期间是持续地进行的,那么方程 3.2 刻画的微分方程所代表的因果系统里的参数可以通过交叉滞后模型的估计复原出来。我们将三期数据交叉滞后模型呈现在图 3.2 中,为了方便解释,我们使用 LISREL 符号系统(见附录)。

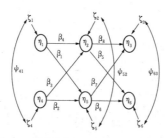

图 3.2　带交叉滞后作用的三期数据模型

第一轮(1980 年 2 月)、第二轮(6 月)、第三轮(9 月)调查中的政党认同分别由图中的外生变量 η_1、η_2 及 η_3 表示,而候选人(支持)民意得分由 η_4、η_5 及 η_6 代表。η_1、η_4 实际上是事前已经确定的变量,不过在这里,我们将它们作为完全由它们的误差项决定的内生变量,这样,变量间所有的因果作用都处于 LISREL 内将所有内生变量连接起来的系数矩阵 **B** 中。这一设定不会对实际结论产生任何损害,但正如接下来将讨论的一样,只有这样,才能在各轮次间的 β_k 上加上相等的限制。在 LISREL 设定中,这一模型只有两个相关的矩阵:**B** 矩阵和内生变量的结构扰动项 ζ_k 之间的方差协方差矩

阵 Ψ。ζ_1 和 ζ_4 之间的协方差 ψ_{41} 代表变量 η_1 和 η_4 在第一轮调查时的协方差,ζ_2 和 ζ_5 以及 ζ_3 和 ζ_6 之间的协方差 ψ 代表通过模型中设定的连续时间交互作用过程,在第二轮及第三轮调查中无法解释的政党认同与候选人评分之间的共变。

如前面所讨论的,连续时间模型中的 β_k 是各变量对 X 和 Y 的瞬时变化速率的影响以及各轮测量间的时间间隔的非线性函数。因此,如果各轮调查之间的时间间隔相同,那么各轮调查间的 β_k 也应该一样,这样,从第一轮调查到第二轮调查间各变量之间的交叉滞后作用应该等于它们从第二轮调查到第三轮调查间的对应取值,就像各变量的稳定性估计一样。因而,给参数加上如下一致性或相等性限制:$\beta_1 = \beta_5$、$\beta_2 = \beta_6$、$\beta_3 = \beta_7$、$\beta_4 = \beta_8$,那么这一模型即可被识别。各变量影响效应不变的假定可通过放宽这些限定,然后比较前后两个模型的拟合优度得到检验。如果各轮调查之间的间隔不等,那么给不同轮次间 β_k 的限制将是非线性的,而不是相等(Arminger,1987:343)。在 LISREL 框架中给不同轮次间的参数施以非线性限制尽管并非不可能,但却很难,读者可以从 Hayduk(1987)及 Rindskopf(1984)的著作中找到这些方法的应用案例。

为了示范,在当前这个例子里,我们假定结构效应是稳定不变的,尽管第一和第二轮调查之间的间隔比第二和第三轮之间长了大概一个月。另外,我们还假定 $\psi_{52} = \psi_{63}$,也就是说,第二轮调查中政党认同与候选人评分的扰动项之间的协方差与第三轮调查中的相等。其他所有误差项的协方差(除 ψ_{41} 外)都被假定等于 0,这在本模型中,相当于假定各误差项不存在自相关。这些假定同样可以被放宽,并通过数据进行检验,更多细节将在第 5 章进行展示。在对结构性参数及扰动项施加了这些限定后,模型已经过度识别并带有九个自由度。该模型的LISREL最大似然估计结果在表 3.1 中显示。结果表明,政党认同与候选人评分之间存在显著的交互

表 3.1　三期数据交叉滞后作用模型:政党认同与对候选人的评价(1980 年)

	非标准化系数	标准化系数
稳定效应		
候选人评价		
β_2	0.67[a]	0.62
β_6	0.67[a]	0.64
政党认同		
β_4	0.83[b]	0.82
β_8	0.83[b]	0.83
交叉滞后作用		
政党认同对候选人评价		
β_1	3.98[c]	0.21
β_5	3.98[c]	0.21
候选人评价对政党认同		
β_3	0.01[d]	0.08
β_7	0.01[d]	0.09
误差协方差		
ψ_{41}	29.58	0.44
ψ_{52}	4.45[e]	0.06
ψ_{63}	4.45[e]	0.06
$R^2(\eta_2)$候选人评价,第二轮	0.54	
$R^2(\eta_3)$候选人评价,第三轮	0.58	
$R^2(\eta_5)$政党认同,第二轮	0.73	
$R^2(\eta_6)$政党认同,第三轮	0.77	
$\chi^2(df)$	201.1(9)	

注:表中第一列为非标准化的最大似然估计系数,第二列为标准化系数。所有系数都统计检验显著。(原书中两种系数交替放在同一列,这里为了节省空间分成了两列。——译者注)

a、b、c、d、e:系数被限定相等。

资料来源:美国全国选举研究,主面板文件,1980 年。

因果作用。政党认同对候选人评分的标准化影响接近反向作用大小的两倍。政党认同及候选人评分的稳定性都很高，模型得到的第二轮、第三轮数据中，政党认同及候选人评分的扰动项之间的标准化协方差取值很小，这意味着模型能够很好地解释这两个变量间的同步共变。

不过，可以看到，正如九个自由度下的 χ^2 值 201.9 所示，模型对数据的拟合非常差。将不同轮次的结构参数相等以及政党认同与候选人评分的扰动项之间的协方差在第二轮和第三轮中相等的假定放开后，得到的结构效应估计几乎相同，对应的 χ^2 为四个自由度下的取值 190.2。由于第一个模型是"嵌套"在第二个中的，两个 χ^2 之差同样服从 χ^2 分布。在本例中，χ^2 之差为 10.9，对应的自由度为 5，这意味着不带相等性限制的模型在数据拟合度上并没有统计显著的改进。同时，由于整体拟合水平很差，模型还需要进一步的调整。在下一章中，我们将考虑放宽无测量误差及结构扰动项之间不存在自相关的假定。

第 2 节 ｜ 同步作用模型

交叉滞后模型的估计方法相对简单，这无疑有利于使其成为流行的、处理因果关系的工具。但回忆上一章可知，这些模型中有关同步或同时效应为 0 的假定（也就是说，变量间的因果作用仅仅来自 X_1 和 Y_1 的滞后变量的影响）在很多研究情境下可能并不成立。当面板模型各轮测量的间隔相对于实际的因果时滞较长时，仅仅估计交叉滞后作用将无法完全刻画每个变量对其他变量的全部因果影响。另外，在有些模型中，交叉滞后作用的假定事实上是不成立的，如在 Dwyer 有关大学新室友与其他室友情绪的交互影响的例子中就是这样（Dwyer，1983：393）。变量间的同步或同时影响的出现，使其他估计交互因果作用的方法成为必需。

在有些情况下，一个适当的因果模型在特定时点上，各变量间只具有同步交互效应。在另一些情况下，变量间可能同时具有同步作用和交叉滞后作用，其中滞后值将解释变量部分而非全部的因果影响。同时包括滞后及同步作用的模型在识别和估计上会出现一些特殊问题，这个问题将会在介绍完相对简单的同步作用模型之后讨论。后者在两轮数据下的情形呈现在图 3.3 中，其对应的方程组为：

$$Y_2 = \beta_1 Y_1 + \beta_3 X_2 + U_1$$

$$X_2 = \beta_2 X_1 + \beta_4 Y_2 + U_2$$

[3.5]

X_2 和 Y_2 之间设定的交互作用意味着模型成为非递归模型,并给 OLS 估计带来了问题(Berry, 1984)。因为 X_2 与 U_1 相关(后者通过 Y_2 形成间接影响), Y_2 与 U_2 之间的关系相似,使与 OLS 中有关自变量与因变量的扰动项无关的假定被违反(如果总体中 β_3 和 β_4 不等于 0),因而 OLS 估计将对模型中的因果参数产生有偏估计。另外,很多非递归模型中的参数是无法识别的,因而我们必须确保观察到的方差协方差信息足够多,从而估计出感兴趣的系数。

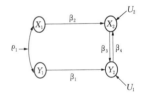

图 3.3　带有同步作用的二期数据模型

要识别和估计 Y_2 方程,模型必须含有一个以上满足如下条件的"工具变量":(1)与 X_2 相关但与 U_1 无关;(2)对 Y_2 没有直接的因果作用。要识别和估计 X_2 方程,至少需要一个与 Y_2 相关但与 U_2 无关,且对 X_2 无直接因果关系的工具变量。在当前模型的假定下,滞后变量 X_1 和 Y_1 就满足这两个条件。因为它们被假定为是先定变量,所以从定义上讲,它们与两个方程的误差项无关;另外,由于模型假定两个交叉滞后作用都为 0,所以第二个条件同样得到满足。因此,两个方程都满足必需条件而恰好识别:两个各带有一个内生变量作为自变量的方程中,都有一个外生变量(技术上讲,先行确定的)被排除在外。能够利用滞后因变量来估计交互效应,是面板分析被公认的主要优势之一。不过需要注意的是,这种估计方法只有在满足严格的假定基础上才有效,包括不存在交叉滞后作用、连续的各轮调查的方程的误差项之间不存在自相关等。这些假定中只要有一个不满足,X_1 和 Y_1 就不能分别用来识别 X_2 和 Y_2 方程(Berry,1984)。

同步作用模型的估计与评价

由于同步作用模型中每个参数都恰好被识别,因此它们的取值可以通过对模型的四个"标准"方程,即两个内生变量 X_2 及 Y_2 分别与两个外生变量 Y_1 和 X_1 之间的预测协方差进行代数运算来估计。这些标准方程是这样得到的:将两个内生变量方程分别乘以每个外生变量,对所有案例全部加总,然后取期望值:

$$\text{Cov}(X_1 X_2) = \beta_2 \text{Var}(X_1) + \beta_4 \text{Cov}(X_1 Y_2)$$
$$\text{Cov}(Y_1 X_2) = \beta_2 \text{Cov}(X_1 Y_1) + \beta_4 \text{Cov}(Y_1 Y_2)$$
$$\text{Cov}(X_1 Y_2) = \beta_1 \text{Cov}(X_1 Y_1) + \beta_3 \text{Cov}(X_1 X_2)$$
$$\text{Cov}(Y_1 Y_2) = \beta_1 \text{Var}(Y_1) + \beta_3 \text{Cov}(Y_1 X_2)$$

[3.6]

β_2 和 β_4 由前两个标准方程计算得到,β_1 和 β_3 由后两个计算得到。

同样,这些参数也可以通过统计程序,如两阶段最小二乘(TSLS)从样本数据中估计出来,也能通过 LISREL 的最大似然估计或有关程序估计出来。不过,在此我们主要关注二阶段最小二乘法，以说明工具变量模型的运作逻辑。对于 Y_2 方程，TSLS 法首先将 X_2 对其工具变量 X_1 及模型中所有其他先决变量进行回归，由此得到：

$$\hat{X}_2 = \beta_0 + \beta_1 Y_1 + \beta_2 X_1 \qquad [3.7]$$

请注意，所有先决（外生）变量，哪怕是 Y_1 这样随后即导致 Y_2 但并未明确设定为 X_2 的原因的变量，都被用于第一阶段方程，目的在于得到 X_2 最好的可能估计，因为第二阶段方程的系数的标准误直接取决于第一阶段估计的精度（Berry, 1984）。这是使用滞后变量作为工具变量的另一个优势，因为 Y_1 和 X_1 与它们在时间 2 上的取值的相关，很可能比和其他潜在外生变量的相关强。现在 X_2 的估计值已与误差项 U_1 无关，因为它是先定变量的线性组合，在定义上就与模型中所有的误差项无关。程序第二阶段将替代值 $\hat{X}_2$ 代入方程 3.5，所有的系数及对应的标准误都可以通过 OLS 得到一致的估计。两阶段过程被用来产生 X_2 方程 3.5 中各参数的一致估计：将 Y_2 对工具变量 Y_1 及其他先定变量 X_1 进行回归，产生一个与 U_2 无关的 $\hat{Y}_2$，然后在第二阶段将 X_2 对 $\hat{Y}_2$、X_1 进行回归。上面讨论的假定，即 X_1 对 Y_2 无直接影响以及 Y_1 对 X_2 无直接影响，在这里非常重要，否则每个方程都会无法识别：$\hat{X}_2$ 和 $\hat{Y}_2$ 将成为它们对应的方程 3.5 中所有其他自变量的线性组合，从而无法得到因果作用的唯一估计。

尽管也可能把这些分析分成独立的两步进行，但目前的统计软件通常带有的两阶段最小二乘程序都是同时对两步中的系数进行估计。使用这些程序的优点不仅在于计算方便，更重要的是它们还能提供正确的标准误、标准化回归系

数以及第二阶段方程的 R^2 等,这些程序中统计量的计算是
基于 X_2 和 Y_2 的原始值而非预测值(Berry, 1984:68—69)。
用来自前联邦德国跟踪调查研究中的抗议倾向与群体成员
资格的例子根据上述步骤计算,得到如下估计结果:

$$PROTEST_2 = 0.22 + 0.09\ GROUPS_2 + 0.42\ PROTEST_1$$

$$[3.8]$$

$$(0.04) \qquad\qquad (0.06)$$

$$\underline{0.26} \qquad\qquad \underline{0.42}$$

R^2 为 0.30,另一个为:

$$GROUPS_2 = -0.27 + 1.24\ PROTEST_2 + 0.41\ GROUPS_1$$

$$(0.29) \qquad\qquad (0.05)$$

$$\underline{0.42} \qquad\qquad \underline{0.37}$$

R^2 同样为 0.30。和交叉滞后模型中一样,两个方程的所有
系数都在统计上显著。

　　乍一看,同步作用模型似乎比前面估计的交叉滞后模型
更好。两个因变量被解释的方差比例都要大一些,抗议倾向
与群体成员资格之间的交互因果影响更强。不过,同步作用
模型一个很吸引人的特征在于,它还存在一个自由度,这可
以用来检验模型的一个重要假定。尽管通过上文的介绍我
们看到,在同步作用模型中,每个参数恰好被识别,但整个模
型具有一个自由度,因为总共有 10 个观察的方差、协方差,
但只有 9 个参数需要估计(4 个 β、U 的两个方差、X_1 和 Y_1
的方差及协方差 ρ_1)。该自由度可以用来检验模型中有关内
生变量的误差项之间的协方差为 0,即 $\rho_{U_1 U_2} = 0$ 的设定。这
一残差协方差等于 0 的设定意味着,模型中的同步作用及变

量的稳定性可以完全解释变量 X_2 和 Y_2 之间观察到的共变。在当前的例子中，U_1 和 U_2 之间估计的协方差为 -0.05，标准化取值为 -0.45，这一取值过大，实际上不太可能。[8]

尽管跟踪数据同步作用模型的扰动项之间可能存在负的协方差，但这样的结果解释起来比较麻烦。它意味着存在一个外部因素对这两个（正向）交互相关的内生变量中的一个具有正向影响，对另一个却是负向影响。这种因素实在难以想象，更有可能的解释是模型设定不正确。Gillespie 和 Fox(1980)表明，很多同步作用模型的误差项之间出现负的协方差估计值可能与某些类型的模型设定失误有关，其中内生或外生变量存在测量误差、交叉滞后作用的排除、同时对外生及内生变量造成影响的变量的遗漏等，在面板模型中都意味着变量各时点的误差项之间存在自相关。除了内生变量的测量误差外，这些错误设定都会导致同步交互效应的计算往上发生偏误。如果不是因为残差项之间的负向共变所代表的"纠正"，模型将高估内生变量之间的共变。[9]因此，如果残差协方差为较大的负值，那么在同步模型中发现的正向交互效应可能只是模型设定错误的产物而已。在这种情况下，可以像下面讨论的那样，将交叉滞后作用纳入模型，而且/或者可以参照后面章节将讨论的方法对模型进行估计，这些程序可以对由测量误差和遗漏变量造成的可能偏差进行检验。

第 3 节 | 交叉滞后及同步作用模型

　　如果没有令人信服的理论原因来估计一个只带交叉滞后作用或同步作用的模型,或者同步作用模型所得到的结果不可能或无法解释,那么,同时带有两类效应的模型将是合理的替代设定。不过,在图 3.3 中加上从 Y_1 到 X_2 以及从 X_1 到 Y_2 的交叉滞后作用,将使模型有 11 个自由参数(需要估计),但只有 10 个方差及协方差观察值。模型整体以及各个单独参数都将无法识别。这一识别问题在交叉滞后模型中是通过将同步作用限定为 0 来解决的,将交叉滞后作用限定为 0 才能使同步作用模型的参数被识别。假定两类效应都存在时,只有通过其他更多信息——或以外部变量的形式,或以更多调查期次的形式——才能使模型得到识别。

二期数据模型

　　当只有二期数据时,识别这一模型的唯一方法是纳入外部外生变量并将它们的某些影响设定为 0。要想识别 Y_2 方程,至少需要纳入一个满足前述工具变量分析条件的外部变量(Z_1),这些条件为:(1)它必须对 X_2 有直接的因果作用,但对 Y_2 没有;(2)它必须是外生的,因而与 U_1 和 U_2 都不相关。

同样,至少需要再纳入一个外生的且与 Y_2 有直接因果关系但对 X_2 没有影响的外生变量(Z_2)才能使 X_2 方程可识别。可以想象,这样的变量很难找到,尤其是在进行跟踪数据二次分析时,因为在调查中并未特意测量此类工具变量。另外,这些外部变量需要与内生变量具有相当强的关联,才能提高第二阶段估计的效率。研究者不能仅仅为了模型的识别而任意给外部变量施加限制,因为所得估计结果的偏差程度与工具变量违反必要假定的程度直接相关。经过理论斟酌而推导出来的工具变量是最理想的。在其他情况下,逻辑理由能够支持某些关系的设定,如 Jennings 和 Niemi 就在一个交互效应模型中,将父母的政党认同设定为每对夫妇自身政党认同的工具变量(Jennings & Niemi, 1975)。在理论上,很难假定妻子父母的政党认同会对丈夫的政党认同产生直接的因果影响,反之亦然。

在实践中,使用个体层次数据进行面板分析时,通常使用社会背景变量,如受教育水平或年龄作为工具变量,因为它们常常被认为是固定的外生变量,因而与误差项不相关。但是,如果这些变量在第一阶段方程中对 X_2 或 Y_2 的影响不大,那么第二阶段方程中所有系数的标准误都将变得相对不精确。另外,如果作为 Y_2 工具变量的 Z 变量事实上对 X_2 有直接影响,那么第二阶段的方程将会设定错误,所得结果将是有偏的参数估计。就此而言,最理想的情况是跟踪调查之初就已将工具变量作为调查设计的一部分,因而能事先设定一些对 X_2 或 Y_2 影响相对较大,但与它们对应方程中的误差项无关的外生变量。

带有合适工具变量的交叉滞后作用及同步作用共存模

型可以通过两阶段最小二乘法或在 LISREL 框架下用最大似然法进行估计。TSLS 的估计过程如前所述：要得到 Y_2 方程的系数，就要将 X_2 对 X_1、Y_1 及 Z_1 进行回归产生 $\hat{X}_2$，然后将 Y_2 对 X_1、Y_1 及 $\hat{X}_2$ 进行回归；要得到 X_2 方程的系数，就要将 Y_2 对 Y_1、X_1 及 Z_2 进行回归产生 $\hat{Y}_2$，然后将 X_2 对 Y_1、X_1 及 $\hat{Y}_2$ 进行回归。与前面的例子一样，通常建议使用现有统计软件中的 TSLS 程序以正确估计结构系数及模型的有关统计指标。

对 LISREL 矩阵进行简单设置，就可得到（模型的）最大似然估计。将 X_1、Y_1、Z_1 及 Z_2 设定为外生 ξ 变量，X_2 和 Y_2 设定为内生变量 η_1 和 η_2。来自时间 1 的变量与 Z 变量的效应在连接外生变量和内生变量的 Γ 矩阵中进行设定，设定时，根据工具变量在因果系统中的假定角色，将单个的 γ 元素限定为 0。在本例中，从 Z_1 到 Y_2 和 Z_2 到 X_2 的 γ 效应都被设定为 0。为了完成因果设置，还需要将 $\mathbf{B}$ 对角线两边的元素都设定为自由状态，以代表时间 2 上 X 和 Y 之间的交互影响。由于总共有 21 个被观察的方差及协方差值，但只有 20 个自由参数（外生变量方差协方差矩阵 $\mathbf{\Phi}$ 的 10 个元素、2 个 β、6 个 γ 以及时间 2 上变量的 2 个 ψ 的方差），模型仍然还剩一个自由度。如前文所述，这个自由度可对结构扰动项 U_1 和 U_2 之间的协方差等于 0 这一假定进行检验。

估计此类模型时的一个潜在问题是交叉滞后作用及同步作用之间的多元共线性问题。由于受工具变量、因果作用的大小以及变量历时稳定性程度的影响，模型可能无法同时获得对交叉滞后作用和同步因果作用的精确估计。如果共线性很严重，基于对标准误和参数估计间的相关程度的检查,只能对两个因变量对某个因变量的联合效应进行检验。例如,一个同时将群体成员资格对抗议倾向的交叉滞后和同步作用限定为 0 的模型嵌套在同时包含这两个效应的模型内。如果是用二阶段最小二乘法来估计参数,那么可以进行一个 F 检验以确定相对于限制模型,非限制模型是否显著具有更多的解释力。而在 LISREL 中,χ^2 值之差在一定的模型自由度之差下,能检验非限制模型是否比不带因果作用的限制模型更能解释观察数据。这样,研究者就能确定一个变量对另一个变量的交叉滞后及同步作用是否联合显著。Mayer 和 Carroll(1987)列出了另外一些 χ^2 差检验以帮助确定除变量的稳定性外,变量间的所有交叉滞后作用、全部同步作用或者全部因果作用是否统计显著。

上面列出的方法概括了估计二期数据交互效应模型的可能方法。当存在很强的理论依据以假定某一时滞结构时,无论是将同步作用设定为 0,还是将交叉滞后作用设置为 0,模型都可被识别。当研究者事先没有足够的理由将其中一类效应排除在外时,那么带有两种效应的模型只有在纳入外部变量并对它们的因果作用施加了限制之后,才可被识别和估计。不过,如果模型无法拟合数据,放宽这些限定将导致模型无法识别;另外,如果怀疑存在自相关误差,为了进行估计,还必须有额外的工具变量。因此,在很多情况下,两轮数据分析只能提供非结论性的结果,从而使得三期或多期数据的分析成为必要。

三期数据模型

如果有三期或多期数据,估计带有交叉滞后作用及同步作用的模型时,就能更自由地对因果作用参数进行限制或检验。一种可能的做法是,在所关心变量的第二轮及第三轮取值之间设置交叉滞后和同步作用,而将第一轮调查值作为上文 TSLS 或最大似然估计过程中的工具变量。不过,一旦控制 X_2 后,X_1 对 X_3(或者控制 Y_2 后,Y_1 对 Y_3)没有直接影响,工具变量法就会崩溃。另外,模型将无法提供精确的历时因果过程描述,因为它忽略了第一轮变量和第二轮变量间所有的因果关系。

另一个选择是,通过扩展图 3.2 所示的 LISREL 交叉滞后模型并给模型参数施加其他限制,对三期数据模型进行估计。我们可以在图 3.2 的模型上增加下面这些参数代表全部交叉滞后和同步作用设定:β_9、β_{11} 代表时间 2 和时间 3 上,一个变量对另一个变量的同步作用;β_{10}、β_{12} 代表时间 2 和时间 3 上对应的反向效应。整个模型具有 2 个自由度,因为 6 个观察变量总共有 21 个方差协方差值,而需要估计的自由参数为 19 个——12 个 β 参数、6 个结构性项的方差、1 个时间 1 上结构扰动项之间的协方差。不过,第二轮及第三轮内生变量的方程没有一个可解,因为每个预测方程中的内生变量都比遗漏的先定变量多。通过纳入外部先定变量,并对它们的因果作用施加某些限制,是使这些方程可解的一种策略。不过,正如我们已经知道的,这样的变量很可能无法实现,或者此种程序背后所做的假定在给定的情境下站不住脚。识别这一模型的另一可供选择的策略是给参数施加一些相等性限制(即令某些参数相等)。Kessler 和 Greenberg(1981)表明,只需施加下述限定中的两个,即可使模型得到识别,如果将三个限定都加上,模型就会过度识别:$\beta_1 = \beta_5$,

$\beta_2 = \beta_6$，$\beta_9 = \beta_{11}$。第一个限定使一个变量的稳定性在相邻几轮调查之中相等，第二个限定使第一轮调查与第二轮调查之间的一个变量对另一个变量的交叉滞后作用等于第二轮和第三轮之间对应的作用。研究者应该注意的是，必须而且只需对一个变量的决定因素施加限制。在上述模型中，如果相等性限制被施加在方程 η_5、η_6 的参数上，那么方程 η_2、η_3 的参数仍然可以不加限制地得到估计。不过，在多数情况下，很少有理论支持我们限制一个变量对另一个变量的效应。研究者可以在初步模型中，对两个变量的效应都施加相等性限定，然后在后续模型中视情况放宽这些限定。如果能够获得多轮调查数据，额外的自由度就能够为我们提供足够的信息，以对模型的参数（包括扰动项的协方差）进行估计，而无需像三期数据时那样设置众多的相等性限制。

我们用来自全国青少年调查的数据检验这个模型，该调查从 1976 年开始，对 1725 名 12 岁至 17 岁的美国青少年进行追踪调查。在此后四年中对他们进行了访问，不过这里的分析只限于整个调查的前三年（1976 年至 1978 年）。调查测量了青少年自己报告的违法行为、药物及酒精服用情况，还有众多在心理学及社会学文献中被认为可以用来解释青少年违法行为和药物滥用的变量。我们假设个体自报的违法行为在一定程度上由其与违法伙伴的牵涉程度/亲密程度所决定，同样，个体自身的违法行为也会促使其与具有相同行为倾向的同龄人交往（有关 NYS 调查的描述请见 Elliott，Huizinga & Ageton，1985；Menard & Elliott，1990）。

我们通过将受访者在六种违法行为上的情况取平均值，建构出每个青少年在 1976 年、1977 年、1978 年的一般自报违法量表,我们还询问了过去一年中他们参与所列六种行为的频率(取值从代表"从未参与"的"0",一直到代表"每天二到三次"的"6")。而每轮调查中的"与违法伙伴的牵涉程度"量表是根据 Elliott 等人(Elliott et al.,1985)提出的方法建构出来的,即将一个测量受访者每天下午、晚上及每个周末与朋友在一起相处的时间长度指标("0"代表"从不","5"代表"大量")与另一个测量他们主观感知其朋友中有多少参与了上述六种不同违法行为("1"代表"没有人"到"5"代表"全部")的指标相乘。

表 3.2 给出了这一模型几个变形的参数的最大似然估计结果。η_1 到 η_3 代表 1976 年、1977 年、1979 年与违法伙伴的牵涉程度(IDP);η_4、η_5、η_6 代表三轮调查中受访者自报的违法情况(SRD)。表格的第一列给出的是对 SRD 及 IDP 的因果作用施加了相等性限定的模型的估计结果,也就是说,该模型设定了如下相等条件:对于 SRD 的方程,$\beta_1 = \beta_5$,$\beta_2 = \beta_6$,$\beta_9 = \beta_{11}$;对于 IDP 的方程,$\beta_4 = \beta_8$,$\beta_3 = \beta_7$,$\beta_{10} = \beta_{12}$。

这一模型有八个自由度,从 χ^2 值来看,它对数据的拟合非常差。不过,该模型的实质性解释意味着因果交互作用遵循着某种被称为"反馈"的过程(Plewis,1985),在此过程中,变量间在不同时间间隔上构成相互影响。在这里,变量 IDP 到 SRD 间存在显著的同步作用,而 SRD 到 IDP 之间存在显著的滞后作用。在本例中,这一模式实际上具有合理性,与违法同龄伙伴的交往会影响个体同期的违法行为,而违法行为会使个体在接下来的一年内与具有类似行为倾向的伙伴交往。

表 3.2　三期数据交互作用模型：
自报违法行为及与违法同龄伙伴的交往深度(1976—1978 年)

	模型(1)		模型(2)		模型(3)	
	系数	标准化系数	系数	标准化系数	系数	标准化系数
稳定效应						
SRD						
β_2	0.40[a]	0.41	0.37[a]	0.37	0.35	0.36
β_6	0.40[a]	0.38	0.37[a]	0.35	0.40	0.37
IDP						
β_4	0.54[b]	0.45	0.59[b]	0.49	0.61	0.49
β_8	0.54[b]	0.48	0.59[b]	0.51	0.56	0.51
交叉滞后作用						
SRD 到 IDP						
β_3	2.83[c]	0.37	1.74[c]	0.23	1.67	0.22
β_7	2.83[c]	0.42	1.74[c]	0.23	1.75	0.26
IDP 到 SRD						
β_1	−0.01[d]*	−0.05	——		——	
β_5	−0.01[d]*	−0.05	——		——	
同步作用						
SRD 到 IDP						
β_{10}	−1.58[e]*	−0.25	——		——	
β_{12}	−1.58[e]*	−0.28	——		——	
IDP 到 SRD						
β_9	0.09[f]	0.54	0.06[d]	0.38	0.06	0.39
β_{11}	0.09[f]	0.50	0.06[d]	0.35	0.07	0.35
$R^2(\eta_2)$IDP(第二轮)	0.11		0.28		0.26	
$R^2(\eta_5)$IDP(第二轮)	0.53		0.54		0.55	
$R^2(\eta_3)$SRD(第三轮)	0.13		0.30		0.32	
$R^2(\eta_6)$SRD(第三轮)	0.54		0.56		0.55	
χ^2(df)	167.0(8)		168.3(10)		163.3(6)	

注：表中的系数为非标准化估计，标准化系数为带下划线的数字。除带有星号的系数外，所有系数都在 0.05 水平上显著。

　　a、b、c、d、e、f：系数被限定相等。

资料来源：(美国)全国青少年调查，1976 年、1977 年、1978 年。

第二列给出了移除不显著因果作用后的模型的重新估计情况。这个模型(2)嵌套在模型(1)中,因为除模型(2)中的 β_1、β_5、β_{11}、β_{12} 被限定为 0 以外两者具有相同的参数矩阵。因而我们可以使用 χ^2 值之差来检验模型(1)是否比模型(2)拟合得更好。在这里,χ^2 值之差为 1.3,在模型之间的自由度之差为 2 的情况下,这是不显著的,因而相对于模型(1),我们更支持模型(2)。实质上,这些作用表明,从 IDP 到 SRD 的同步作用比 SRD 到 IDP 的滞后作用大 50%,两套作用都处于中等水平。

因为不带同步交互效应的模型已经完全递归了,我们可以放宽前面为了识别模型而施加的相等性限制,并通过模型 χ^2 值的比较来检验这些限定。表 3.2 的第三列给出了这一估计结果,它表明在放宽相等性限定后,模型拟合水平仅仅提高了一点,估计所得系数的大小也未发生显著的变化。但由于三个模型对数据的拟合都不好,模型还需要被进一步调整。

上述模型的估计为我们演示了通过对模型的参数施加相等性限制,以估计复杂多期数据方程组的方法以及 LISREL 和相关程序在估计各种因果作用模型时的灵活性。施加在三期模型参数上的限制比和外部外生变量相关的限制更合理,尤其是当工具变量(最初)并未被作为研究设计的一部分时。

与本章讨论的面板模型相关的一个最后的警告是,估计所得参数应该能表明,该因果系统具有第二章所述意义上的"稳定性",也就是说,该系统在未来某个时期可以达到平衡。如前文已经提到的,有的模型意味着系统会在某一点上平衡,有的其某些或全部的方差或协方差会无限膨胀而"爆炸"。尽管非稳定系统从技术上讲并非不可能,但如果所获得的参数估计无法使系统最终达到平衡,那通常被认为是模型设定错误的征兆之一(Arminger,1987)。例如,试想这样一个简单的非递归模型:Y_t 和 X_t 之间交互相关,β_{XY} 为 X 对 Y 的影响,β_{YX} 为 Y 对 X 的影响,U_Y 为 Y 的误差项,U_X 为 X 的误差项。在这样一个模型中,每个变量都对其自身有间接影响,这样 Y 的变化会通过 Y 对 X 以及 X 对 Y 的影响,最终对自身形成反馈作用。将 X 方程代入 Y 方程就能清楚看到这一点:

$$Y_t = \beta_{YX}\beta_{XY}Y_t + \beta_{YX}U_X + U_Y \qquad [3.9]$$

如果 $\beta_{YX}\beta_{XY}$ 大于 1,那么 Y 的增加将使 Y 的方差处于无限增长的过程中。只有当 $\beta_{YX}\beta_{XY}$ 小于 1 时,模型才会稳定或者平衡,因此出现其他参数估计都值得怀疑。在更复杂的模型中,要确定一个模型是否能达到平衡更困难,需要对内生变量之间的相互影响矩阵 **B** 中进行运算。LISREL 可以进行这一检验,名为"稳定性指标",当其取值小于 1 时,系统可以达到平衡。[10]

第**4**章

测量误差模型

到目前为止,本书所展示的面板模型都假定分析中所用变量的测量没有误差。不过,现有的测量工具,如态度调查或已出版的汇总统计,对社会科学中多数有意思的概念的测量都是不完美的,这早已得到了很好的证明。既然观察变量含有测量误差,那么,回归模型中结构系数的估计就有可能是错误的,因而研究者可能作出不正确的因果推断。测量误差在面板模型中的问题尤为严重,因为测量误差可使本来没有发生变化的变量看起来发生了变化。不过,追踪研究设计中对相同变量的重复测量能够提供有用的信息,以帮助我们推断观察项目中误差的分量,对剔除了不完美测量的污染效应后自变量的因果作用进行估计。

不过,跟踪调查数据并非解决测量误差问题的万灵丹。所有被考虑的模型只有在其假定条件合理的前提下才是有效的,在很多情况下,这些假定都非常严格。只有在指标的数量或者观察轮次增加的情况下,它们才可被放宽;而在有些情况下,利用上一章讨论过的相等性限定,可以在 LISREL 或相关方法中对这些假定本身进行检验。

第 1 节 ︱ **基本概念**

　　已有不少著作对变量测量误差的一般问题及其后果进行了详细的讨论（Berry & Feldman，1985；Carmines & Zeller，1979；Sullivan & Feldman，1979）。经验研究中使用的绝大多数指标都无法完美地测量所关心的概念，而多少含有一些误差。这些误差或是系统的，或是随机的。在前一种情况下，测量工具被认为测量了所关心的理论变量之外的其他因素；在后一种情况下，指标测量的是真实概念加上一些"噪音"成分。例如，在抽样调查数据中，随机噪音会因含糊的提问、有限的回应选项、猜想及其他在特定时点上影响受访者言语回应的随机因素而出现。系统误差增加时，指标的效度会不断下降，而随机误差的增加则与指标信度的下降相关。此处讨论的模型将集中关注经验指标的随机误差的校正。有关探测和处理系统误差的更多具体内容，请看 Carmines 和 Zeller(1979)的著作。

　　y_{kt}——真实得分或称"潜变量"η_t 在时间 t 的第 k 个指标——的基本随机测量误差模型可以这样表示：

$$y_{kt} = \lambda_{kt}\,\eta_t + \varepsilon_{kt} \qquad [4.1]$$

其中，λ_{kt} 为将 y_{kt} 与潜变量 η_t 连接起来的非标准化系数，ε_{kt} 为

随机误差项。我们使用 LISREL 符号系统来表示变量及测量参数，以方便在本章使用这些程序估计有关模型。在单指标测量模型中，λ_{kt} 被设定为 1，以使指标的尺度与潜变量的相等。在多指标模型中，必须将一个 λ_{kt} 设定为 1，以对潜变量的尺度进行设定。[11]对于 ε_{kt}，通常假定其均值为 0，方差在 η_t 的各个水平上都相等，且与 η_t 的结构扰动项不相关。在单指标情况下，如果满足这些条件，观察指标的方差 $\sigma^2_{y_{kt}}$ 将等于：

$$\sigma^2_{y_{kt}} = \sigma^2_{\eta_t} + \sigma^2_{\varepsilon_{kt}} \qquad [4.2]$$

其中，$\sigma^2_{\eta_t}$ 为潜变量 η_t 的方差，$\sigma^2_{\varepsilon_{kt}}$ 为 y_{kt} 随机误差成分 ε_{kt} 的方差。因此，观察指标的方差由两个部分组成："真实得分"方差和随机误差方差。前者由潜变量 η_t 的方差代表。一个观察指标的信度 ρ_{yy} 就是"真实得分"方差在指标方差中所占的比例，即：

$$\rho_{yy} = \frac{\sigma^2_{\eta_t}}{\sigma^2_{\eta_t} + \sigma^2_{\varepsilon_{kt}}} \qquad [4.3]$$

换言之，信度是真实得分方差与观察指标方差之比，其值越接近于 1，该潜在概念的指标所含的随机误差就越小。

如果 λ_{kt} 未被设定为 1（多指标及标准化测量模型中就是这样），那么一个指标的信度为：

$$\rho_{yy} = \frac{\lambda^2_{kt} \sigma^2_{\eta_t}}{\lambda^2_{kt} \sigma^2_{\eta_t} + \sigma^2_{\varepsilon_{kt}}} \qquad [4.4]$$

如果带有随机测量误差的指标被用于回归方程的自变量，那么所得结果将是潜变量真实因果作用的有偏估计，因为可以证明自变量不再与估计方程的扰动项无关（Markus，1979：55）。[12]在双变量回归模型中，估计系数等于真实系数乘以指标的信度,因而信度差的测量将导致对变量效应的低估或使其变小。但在多变量模型中,偏差的方向可能为任意方向,且任意一个自变量存在测量误差,都可能造成模型中所有其他变量的效应的估计严重有偏,即便那些变量本身被假定没有测量误差。

从某些方面来看,测量误差问题在跟踪调查情境下甚至更严重。正如本书已经表明的那样,绝大多数面板模型都是条件变化模型或稳定得分模型的变种,其中,Y_t 是 Y_{t-1} 及某些自变量 X_t、X_{t-1} 等的函数。在第 2 章中我们已经注意到,滞后内生变量 Y_{t-1} 在这些模型中充当了几个角色:作为系统向均衡点运动时,"向均值回归"及"负反馈效应"的控制项;作为被遗漏因果路径的代理之一;影响 Y_t 的一个实际变量。遗漏 Y_{t-1} 通常会导致参数估计偏差,因为 Y_{t-1} 和 ΔY 之间很可能存在负相关,但如果 Y_{t-1} 含有如方程 4.1 所示的测量误差,而且 $\lambda_{kt} = 1$,那么 ε_{kt} 之间互不相关且与真实得分 η_t 无关。这是可以证明的,只要误差方差在各个时点相等:

$$\mathrm{Cov}(Y_{t-1},\ \Delta Y) = \mathrm{Cov}(\eta_{t-1},\ \Delta\eta) - \mathrm{Var}(\varepsilon_{t-1}) \quad [4.5]$$

也就是说,观察的 Y_{t-1} 及其后续变化间的协方差等于 $t-1$ 时的"真实得分"与"真实后续变化"之间的协方差减去 Y_{t-1} 的测量误差方差。这个方程意味着,除非 Y_{t-1} 中的测量误差被控制,否则迄今所分析的条件变化模型都将导致 Y_{t-1} 与其后续变化之间的协方差过于负向的估计,低估 Y_{t-1} 对 Y_t 的作用(相对于"真实得分"η_{t-1} 对 η_t 的作用)。这反过来通常会导致高估其他变量对 Y_t 的因果作用,因为它们与观察的 Y_{t-1} 正向相关。相反,如果 Y 的测量误差在各个时点间相关且未被考虑,这将导致对 Y_{t-1} 对 Y_t 作用的高估,并相应地低估其他变量的影响。因此,滞后外生变量的测量误差是妨碍在面板模型下成功进行因果推论的最严重的障碍之一,因而在估计结构效应时,建立将测量误差纳入的模型非常重要。

尽管测量误差在面板分析中会带来严重的问题,但仍比截面数据情况下处理起来容易得多。在截面数据中,有两种程序通常被用来处理测量误差的问题。一是工具变量法或者两阶段最小二乘估计,与上一章为结构方程模型讨论过的程序相似。由于存在测量误差时,OLS 估计中的偏差是由自变量与方程误差项之间的相关造成的,所以一个可能的解决方法是在模型中纳入一个与真实得分或潜变量相关,但与其随机误差项无关的外生变量(在定义上,就与结构性扰动项无关)(Berry & Feldman, 1985:34—37)。

对于面板数据,还存在其他处理测量误差的策略,而且多数情况下比工具变量法或两阶段最小二乘法好。由于找到合适的工具变量很难,尤其是在二次分析中,两阶段法依赖于在特定模型中可能并不成立的关于工具变量与扰动项之间无关的假定,且可能带有误差的自变量与其工具变量之间的低相关常常会导致第二阶段的估计很不精确。另外,尽管工具变量法在理想情况下能够为将模型中的潜变量连接起来的结构参数提供一致的估计,但它也无法提供与指标的信度、误差方差或其他测量特性等相关的直接信息,而这些往往是经验研究的重要目标。因此,工具变量法给面板分析带来了一些不足。

另一个发展出来以应对测量误差的方法是多指标法,这种方法使用同一个潜变量的多个测量,同时产生对特定模型中的结构效应和测量参数的估计(Sullivan & Feldman, 1979)。在面板调查设计中,于不同时间对同一指标的重复测量大大增强了这一方法的效力,因为额外轮次的数据为有关结构系数及测量系数的估计提供了更多信息。事实上,只要至少有三轮数据,就能估计出每个潜变量只有一个指标的模型的测量特性及结构效应,因而所有多期面板模型都可被当做多指标法的变种。但是,这种方法的全部效力体现在多指标、多轮测量模型中,在有些情况下,它甚至可能估计不同时点的测量误差之间及结构性扰动项之间相关的模型。这样的分析能够提供每个指标项的信度、潜变量的稳定性以及因果模型中,将潜变量连接起来的结构效应等方面的最全面的信息。

第 2 节 │ 单指标模型

二期模型

当只有二期数据可得时,用来处理单指标 y_t 的测量误差的选择有限。为便利起见,这里遵循的是 LISREL 类型的标记法,如果令 y_t 为潜变量 η_t 在时间 t 上的观察指标,ε_t 为 y 在时间 t 上的误差方差,β_1 为将 $t-1$ 时刻与 t 时刻的潜变量联系起来的稳定性系数,λ_k 为外生变量 ξ 对 η_t 的效应,ζ_k 为潜变量的结构扰动项,我们可以将关心的结构模型表达为:

$$\eta_t = \beta_1 \eta_{t-1} + \sum \gamma_k \xi_k + \zeta_t \qquad [4.6]$$

不过,使用并非完美测量的观察变量 y_{t-1} 和 y_t 意味着,估计模型不仅含有真实得分 η,也含有测量误差:

$$(\eta_t + \varepsilon_t) = \beta_1(\eta_{t-1} + \varepsilon_{t-1}) + \sum \gamma_k \xi_k + \zeta_t \qquad [4.7]$$

从这一方程中,我们可以清楚地看到模型无法识别,因为即便我们假定两个指标的测量误差的方差相等,也无法分离观察变量中真实得分和误差各自所占的比例。

McAdams(1986)指出了几种通过给方程中的参数施加额外限制,以便在 LISREL 中估计这一模型的备选方法。分

析者可以将 β_1 的取值限定为 1，这样，模型就被简化为第 2 章中讨论的无条件变化—得分模型的一个变种，其中 $\triangle y$ 由一系列 X 变量进行预测。另一种可能的方法是限定 ζ_t 的取值，从而设定方程中总共被解释掉的方差。最后，可以限定 ε_t，将 y_t 的信度设定为某个已知值或假定值。

对于二期数据，这些方法可被当做解释工具，用来产生对方程 4.7 中参数的一系列估计，而且通过评估这些结果，分析者可以获得从对模型的不同限定中呈现出来的对潜在因果过程的描述，或得到方程参数的可能取值范围的估计。但识别模型所必需的限定存在一些问题。将 β_1 限定为 1 忽略了所有来自 y_t 而非测量误差对 $\triangle y$ 的影响，而限定 ζ_t 或 ε_t 的方差常常也是站不住脚的，因为我们并不能事先知道方程的总体误差方差或观察指标的误差方差分量的可能值。显然，我们希望能在没有这些限定的情况下对 β_1 值以及 ζ_t 和 ε_t 的方差进行估计，而这使更多轮次的信息成为必要。

三期模型

分析一个潜变量只有一个指标的模型，被 Wiley 等人（1970）以及 Heise（1969）发展并用于三期数据。三期模型一般以图表方式呈现，如图 4.1 所示。

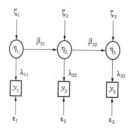

图 4.1 三期数据单指标测量模型

将指标和它们的潜变量联系起来的测量方程可以写为：

$$y_1 = \lambda_{11}\eta_1 + \varepsilon_1$$

$$y_2 = \lambda_{22}\eta_2 + \varepsilon_2 \qquad [4.8]$$

$$y_3 = \lambda_{33}\eta_3 + \varepsilon_3$$

其中,λ_{tt} 为连接每个指标 y 与其对应潜变量 η 的系数。刻画潜变量(内生变量)之间的因果联系的结构方程为：

$$\eta_1 = \zeta_1$$

$$\eta_2 = \beta_{2i}\eta_1 + \zeta_1 \qquad [4.9]$$

$$\eta_3 = \beta_{32}\eta_2 + \zeta_3$$

对于测量误差和结构扰动项的一套标准假定是,ε_t 与 η_t 之间、ε_t 与 ζ_t 之间的协方差都等于0。另外,测量误差被假定服从均值为0、方差稳定且是不同时点间彼此互不相关的随机分布。扰动项 ζ_t 同样被假定是随机的、均值为0、方差稳定且不同时点间互不相关。

现在这一模型的参数尚不能被识别。因为有 11 个"未知"或自由参数(3 个 ε_t、3 个 λ_{tt}、3 个 ζ_t 方差以及 2 个 β 系数),但只有 6 个"已知的"观察变量的方差和协方差值,没有足够的信息用以获得对这些参数的唯一估计。因此,我们还需要作出额外的假定,向模型参数施加某些限定。

在 Heise 法中,模型的识别是通过同时标准化潜变量和观察指标,并限制指标 Y 的信度在三个时期相等的方式达到的。通过将模型标准化,η_t 的方差等于1,这意味着模型结构部分的自由参数只有稳定性系数 β_{21} 和 β_{32}。因为观察到的指标同样被标准化了,模型测量部分仅有的自由参数是 λ_{tt},因

为 ϵ_t 的方差必定等于 $1-\lambda_{tt}^2$。[13] 根据方程 4.4 可以推断出指标的信度就是 λ_{tt}^2，因为 η_t 的方差和方程 4.4 的分母都等于1。使信度在各轮调查之间相等，亦即 λ_{tt} 都相等，得到的是一个恰好可识别的模型，其中有三个自由参数和三个用以估计它们的观察指标间的相关系数。就观察到的相关系数而言，解出这三个参数就很简单：

$$\lambda = \sqrt{\frac{r_{12}\,r_{23}}{r_{13}}}$$

$$\beta_{21} = \frac{r_{13}}{r_{23}} \qquad\qquad [4.10]$$

$$\beta_{32} = \frac{r_{13}}{r_{12}}$$

y 的信度就是方程 4.10 第一个表达式的平方，因为 λ^2 等于 y 的方差中被潜变量 η_t "解释掉"的部分。

Wiley-Wiley 法是通过限定指标的误差方差在各时期相等，也就是说 $\sigma_{\epsilon_1}^2 = \sigma_{\epsilon_2}^2 = \sigma_{\epsilon_3}^2$，在此过程中得到两个自由度，使模型在非标准化形式下得到识别。在非标准化模型中，由于 η_t 的方差不再被限定为 1，所以不可观察的 η_t 变量的刻度尚未被确定的问题是通过使每个 λ_{tt} 都等于 1 来解决的。在这些假定条件下，以如下方式对观察变量的方差及协方差进行代数运算，即可得到各参数的估计。将三个潜变量方程 4.9 的结构方程预测值代入测量方程 4.8，得到如下结果：

$$y_1 = \zeta_1 + \epsilon$$

$$y_2 = \beta_{21}\zeta_1 + \zeta_2 + \epsilon \qquad\qquad [4.11]$$

$$y_3 = \beta_{32}(\beta_{21}\zeta_1 + \zeta_2) + \zeta_3 + \epsilon$$

取这些 y 的方差和协方差的期望值,得到:

$$\text{Var}(y_1) = \text{Var}(\zeta_1) + \text{Var}(\varepsilon)$$

$$\text{Cov}(y_1 y_2) = \beta_{21} \text{Var}(\zeta_1)$$

$$\text{Cov}(y_1 y_3) = \beta_{21} \beta_{32} \text{Var}(\zeta_1)$$

$$\text{Var}(y_2) = \beta_{21}^2 \text{Var}(\zeta_1) + \text{Var}(\zeta_2) + \text{Var}(\varepsilon)$$

$$\text{Cov}(y_2 y_3) = \beta_{32}[\beta_{21}^2 \text{Var}(\zeta_1) + \text{Var}(\zeta_2)]$$

$$\text{Var}(y_3) = \beta_{32}^2[\beta_{21}^2 \text{Var}(\zeta_1) + \text{Var}(\zeta_2)] + \text{Var}(\zeta_3) + \text{Var}(\varepsilon)$$

$$[4.12]$$

可以看到,模型恰好可识别,带有六个自由参数(三个 ζ_t 的方差,β_{21}、β_{32} 及 ε 的方差)和六个用来估计这些参数的方差和协方差观察值。求解 ε 的方差及两个稳定系数,得到:

$$\text{Var}(\varepsilon) = \text{Var}(y_2) - \frac{\text{Cov}(y_2 y_3)\text{Cov}(y_1 y_2)}{\text{Cov}(y_1 y_3)}$$

$$\beta_{21} = \frac{\text{Cov}(y_1 y_2)}{\text{Var}(y_1) - \text{Var}(\varepsilon)} \qquad [4.13]$$

$$\beta_{32} = \frac{\text{Cov}(y_1 y_3)}{\text{Cov}(y_1 y_2)}$$

一旦得到这些估计,根据方程 4.3 计算各个指标的信度就非常简单了。因为在这一正好识别的模型中,$\text{Var}(\eta_t)$ 恰好等于 $\text{Var}(y_t) - \text{Var}(\varepsilon)$,所以每个指标的信度即 $[\text{Var}(y_t) - \text{Var}(\varepsilon)]/\text{Var}(y_t)$。

在 LISREL 中整合单指标测量模型和结构模型

至此,所讨论的模型的系数都可以通过 LISREL 中的最

大似然法获得。尽管在这种恰好识别的情况下,所得的参
数估计将与上面描述的完全一样,但 LISREL 能够提供最大
似然标准误,这用其他方法是很难估计的。而且这一方法
很容易被扩展,以估计四期或期次更长的单指标模型,或
者潜变量带多个指标的模型的参数。LISREL 还可以用来
对上两章描述过的更复杂的结构模型情景下的测量误差
进行建模,而且,如果这样的模型过度识别,LISREL 不仅
能提供对所有参数的高效估计,还能提供对模型拟合优度
的检验。

我们将通过估计第 3 章的政党认同与候选人评价模型的
测量及结构参数来说明这些方法。所得结果呈现在表 4.1 中。

表 4.1　带测量误差的三期模型

	模型(1)	模型(2)
误差方差		
θ_ϵ(政党认同)	0.55	0.55
θ_ϵ(候选人评价)	225.7	225.8
稳定性		
PID_1-PID_2	1.02	1.01[a]
	0.98	0.98
PID_2-PID_3	1.01	1.01[a]
	1.00	1.01
$THERM_1$-$THERM_2$	0.98	0.85[b]
	0.87	0.78
$THERM_2$-$THERM_3$	0.90	0.85[b]
	0.84	0.79
交叉—滞后作用		
PID_1-$THERM_2$	——	28.2[c]
		0.15
PID_2-$THERM_3$	——	28.2[c]
		0.15

续表

	模型(1)	模型(2)
$THERM_1$-PID_2	——	0.001^{d}***
		<u>0.01</u>
$THERM_2$-PID_3	——	0.001^{d}***
		<u>0.01</u>
信度		
PID_1	0.86	0.86
PID_2	0.87	0.87
PID_3	0.87	0.87
$THERM_1$	0.81	0.81
$THERM_2$	0.84	0.84
$THERM_3$	0.85	0.85
$\lambda^2(df)$	0.0(0)	12.7(7)

注:表中的数字为最大似然估计值。带下划线的为标准化系数。不带星号
的系数都在统计上显著。
所有模型的 N 都是733。
a、b、c、d:系数被限定必须相等。
资料来源:美国全国选举研究,主要面板文件,1980年。

表格第二列包含的是政党认同和候选人评分变量的测量误差及真实得分历时稳定性的分离 Wiley-Wiley 法(separate Wiley-Wiley)估计结果。如果在 LISREL 中设定这些模型,那么连接潜变量的 η_t 系数为 **B** 矩阵的非对角元素,代表结构扰动项的系数为 **Ψ** 矩阵的对角元素,而将潜变量及其观察指标连接起来的 λ_y 系数是 $\mathbf{\Lambda}_y$ 矩阵的主对角元素,最后测量误差方差为 θ_ε 的主对角元素。λ_y 被设定等于 1,而 θ_ε 被限定在各轮调查中相等。估计得到政党认同量表的误差方差为0.55,而政党认同真实得分的标准化稳定性从第一轮到第二轮调查为0.98,从第二轮到第三轮为1.0。与观察得到的

第一轮、第二轮之间的相关 0.87，第二轮、第三轮之间的相关 0.88 相比，这一估计表明，校正指标的测量误差后，真实得分的稳定性近乎完美。通过方程 4.3 给出的公式计算得到量表的信度，在第一轮中为 0.86，第二轮中为 0.87，第三轮中为 0.87。候选人评价变量的对应结果为，估计的误差方差 225.5，校正的稳定性估计 0.88、0.89，而估计的信度在第一轮调查中为 0.81，第二轮为 0.84，第三轮为 0.85。

　　这些方法能以几种方式用于变量间还含有结构效应的模型。方法之一是将指标的误差方差固定为 Wiley-Wiley 初始估计所得值，然后将这一信息加给前面两章估计过的任意一个模型，就能对结构效应进行估计。或者，只要所有参数都可识别，LISREL 就能同时给出对测量误差和结构系数的估计。作为这一方法的例子，表 4.1 的第三列给出了第 3 章的三期交叉滞后交互作用全模型的重新估计结果。模型显示，仅政党认同对候选人评分存在显著影响，这和前面假定不存在测量误差的模型估计得到的交互作用形成了对比。政党认同及候选人评价的误差方差估计结果在统计上显著。此外，模型对于数据的拟合非常好，在七个自由度下，χ^2 为 12.5，这意味着该模型在总体中无法被拒绝（$p > 0.05$）。上述模型证明，一旦测量误差得到考虑，从面板模型中得到的因果作用可能非常不同，从而引导研究者在变量的实际关系上作出不同的结论。

四期或更长的单指标模型

　　Wiley-Wiley 模型及 Heise 模型在三期面板数据下，对估计指标的测量特性和结构效应非常有用。不过，这些模型中的假定和限制有时很难成立。具体来讲，Heise 模型中信度相等的假定以及 Wiley-Wiley 模型中误差方差相等的假定尤其成问题，因为并没有先验的理由支持潜变量的方差（出现在信度的计算中），或者误差方差将在不同时期保持不变。[14] 事实上，Jagodzinski、Kühnel 和 Schmidt（1987）表明，在很多情况下，指标的误差方差会随着时间的推移而逐渐变小，从他们的观点来看，这能够解释为什么"Wiley-Wiley 以及 Heise 提出的模型……常常在调查间隔短的跟踪研究中失败"（1987:294—295）。

另外，由于模型恰好被识别（如果未纳入其他内生或外生变量），因而无法对模型的整体拟合水平进行检验，因为它们都能完美地说明观察数据。在有些情况下，不合情理的经验结果（如在 Wiley-Wiley 法中出现负的误差方差估计，或者在两种方法下信度或标准化稳定性系数的估计明显大于 1）是模型不适用的迹象。但无法确定究竟是测量模型设定错误，还是结构模型设定错误。

最后，有关测量误差不相关的假定也是有问题的，因为除了与潜变量有关系外，相同题项可能在不同时期间存在某些共变。调查中出现测量误差相关的原因，包括记忆效应、题项措辞或意义相似而导致的不同时期的回应相似、潜变量（该题项正是其指标）产生的因果影响的独立性等。忽略误差相关的实际后果是极有可能夸大真实得分的稳定性，因为由测量误差相关造成的真实得分稳定性也被合并到了估计的 β 参数中。

更多轮次调查信息的加入会使单指标测量模型的估计和评价变得容易一些（实际运用见 Feldman, 1989；Green & Palmquist, 1990）。其优势之一是，调查轮次更多的模型的某些参数可能会过度识别。在这种情况下,模型整体拟合的检验可以通过利用代数方式分别计算出过度识别参数,然后比较其取值的方式进行,也可以利用 LISREL 获得参数的最大似然估计,并使用 χ^2 拟合优度检验来评估模型对观察指标的方差和协方差的解释程度。Werts、Jöreskog 和 Linn(1971)扩展了图 4.1 中的 Wiley-Wiley 模型以用于四期数据,并表明"处于中间的"指标 y_2 和 y_3 的误差方差和真实得分方差(进而信度)能够被识别,而从时间 2 到时间 3 的潜变量的稳定性 β_{32} 的估计被过度识别。如果用观察的相关系数表示,$\beta_{32} = r_{13}r_{24}/r_{12}r_{34}$ 及 $\beta_{32} = r_{14}r_{23}/r_{12}r_{34}$。如果调查轮次更多,将会有更多的参数被过度识别。

期数更多的面板分析的第二个优势为,额外信息允许对带有相关的误差的模型进行更高效的检验,并大大提高将此类模型与带随机误差的模型进行比较的能力。Wiley-Wiley(1974)提出了针对三期面板的测量误差相关的模型,但这种正好识别的模型常常会得到反常结果,如误差方差和协方差为负、不合理的稳定性估计等。对于四期数据,假定其稳定性相等、误差方差相等及误差协方差相等的模型是带 3 个自由度(10 个观察的方差和协方差减去 7 个自由参数——4 个扰动项方差 ψ、1 个 β、1 个误差方差和 1 个误差协方差)的过度识别模型。不过,Palmquist 和 Green(1989)表明,来自这一模型的估计在指标信度及真实得分稳定性较低的情况下,相对缺乏效率。另外,他们注意到,随着调查轮次的增加,稳定性、误差方差及误差协方差相等的可能性将显著下降。但四期数据仍提供了显著的优势,能通过 χ^2 拟合优度测量及对参数估计可能性的检查来对各种替代模型进行评估。

第 3 节 | 多指标模型

当一个潜变量有多个指标可用时,单指标测量模型的很多局限都能被突破。如果存在两个指标,有些限制性模型依靠两轮测量就可以被估计。可得的指标及调查期次越多,包含历时相关测量误差的过度识别模型也就越可能被估计,并可通过整体的拟合优度统计进行检验。研究者也可能给模型的参数施加各种限定,然后通过放宽这些限定并比较各替代模型的概要性 χ^2 测量的方式来检验这些限定。通过这些方式,多指标法在估计和评估测量模型上,能够提供大得多的灵活性和效力。

二期双指标模型

对迄今讨论过的模型的最简单扩展是给潜变量 η_t 增加另外一个指标 y_{2t}。增加这一指标可以使图 4.2 所示的测量模型仅需二期数据就能被估计出来。

在这一模型中,Y_1 和 Y_3 分别为潜变量 η 在时间 1 和时间 2 上的同一个指标,Y_2 和 Y_4 是 η 在每轮调查中的第二个指标。滞后潜变量被设定对其第二轮取值存在影响。我们对这一模型作出了如下初始假定:(1)所有变量、误差项及结构扰动项都被表达为离均差形式;(2)误差项 ε_t 和 ζ_t 服从正态

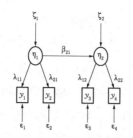

图 4.2　二期双指标测量模型

分布；(3)ε_t、η_t 与 ζ_t 不相关；(4)η_1 与 ζ_2 无关；(5)不同时点的 ζ_t 互不相关；(6)测量误差项之间互不相关。潜变量尺度的设定是通过将 Y_1 和 Y_3 的系数固定为 1（当然，也可以对 Y_2 和 Y_4 这么操作）完成的。

　　模型有 9 个自由参数需要估计（ζ_1 和 ζ_2 的方差、β_{21}、λ_{21}、λ_{22} 以及 4 个误差方差），观察指标的 10 个观察的方差和协方差使最终还剩 1 个自由度可用对模型进行检验。只要通过 LISREL 或相关方法得到这些估计值，就可如上面的方程 4.4 一样计算出各个指标的信度。

　　除了只需二期数据就可得到估计外，这一模型还有几个令人满意的特征。第一，研究者可以采取不同的限定方式以检验各指标的测量特性，而且每一个限定都能得到检验其适用性所必需的自由度。在心理测量学中，如果 $\lambda_{11} = \lambda_{22}$ 且 $\theta_{\varepsilon_1} = \theta_{\varepsilon_2}$，那 Y_1 和 Y_2 被称为"η_1 的平行测量"。这在 LISREL 中可以通过将两组 λ 系数设定为 1，且令每个时点内的两个误差方差相等的方式进行检验。由此增加的四个自由度可以用来检验这些限定的适用性。或者，如果 $\lambda_{11} = \lambda_{22}$，但误差方差互不相等，那么 Y_1 和 Y_2 就是 η_1 的 tau 相等测量。这只需要令两个 λ 系数都等于 1，就能得到检验，结果得到两个自由度。

在图 4.2 的模型中,这种测量被称为"同源的测量",连接指标与潜变量的系数互不相同,指标的误差方差也是如此。

通过令同一个指标在不同时点的误差方差相等(即 $\theta_{\epsilon_1} = \theta_{\epsilon_3}$)或同一个指标在不同时间的 λ 系数相等(即 $\lambda_{11} = \lambda_{12}$),还可以对模型施加更多的限定,这些限定都可以用模型相对拟合的方式进行检验。后面这个令同一个指标的 λ 在所有时期相等的限定,在面板模型中尤其重要,这相当于假定一个非标准化潜变量在每轮调查中,对某个指标的非标准化作用相同。Wheaton 等人(1977:129)断言,这一假定是下面这种模型的关键要素,这种模型"标榜要解释(潜)变量的稳定性,这意味着我们指望能(在不同时间)测量同一个概念。严格地讲,稳定性这一概念需要这一设定"。因此,限定 λ 在不同时间相等的假定通常都会出现,对这些假定的检验在 LIS-REL 或相关方法中通过 χ^2 差异检验,将对应模型与非限制模型进行比较即可实现。

双指标二期模型的主要不足在于,它没有在不同时间测量的相同题项之间设定相关的误差。Costner(1969)以及Sullivan 和 Feldman(1979)发现,图 4.2 的模型中唯一一个过度识别的参数是稳定性参数,它有两种估计。因此模型拟合度的评估可通过 LISREL 的 χ^2 或计算出这两个估计然后比较其取值的方式进行,可以对不同时间的测量误差是否存在相关进行检验,因为(如果误差相关是正的)模型估计的真实得分的稳定性将不足以解释指标在不同轮次间被观察到的相关。遗憾的是,一旦纳入相关的测量误差,图 4.2 中的模型就变得不可识别。要想估计那些参数,有三种方法可供选择:(1)在二期模型中,给潜变量增加更多的指标;(2)在二期模型中至少纳入一个在两个时点都会影响潜变量的外生"背景"变量;(3)增加更多轮次的数据信息。所有这些方法都能在不对测量误差矩阵施加任何限制的情况下,使模型得到识别。第一种和第三种方法更可取,因为这样所得的模型将有足够的自由度向参数估计施加或放宽各种限定。第二种方法在额外指标或更多轮次的信息都不可得时,是必然选择。

一个三指标二期模型的例子

图 4.3 展示了一个二期模型,其中合法性政治抗议倾向有三个指标,所用数据来自前面章节描述过的前联邦德国政治抗议数据。可以看到,同一指标不同时期间的相关误差,由图中同一指标在两个不同时点间自由的误差协方差代表,也就是 $\theta_{\epsilon_{41}}$、$\theta_{\epsilon_{52}}$ 及 $\theta_{\epsilon_{63}}$。Y_1 和 Y_4 为第一轮、第二轮调查中,对参与"被批准的游行示威"的倾向的回应,Y_2 和 Y_5 为"与公民行动组织一起工作"的倾向,Y_1 和 Y_4 为"为请愿收集签名"的倾向。

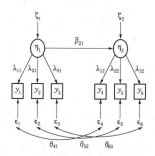

图 4.3 含有相关的测量误差的三指标模型

模型中有 $(6 \times 7)/2$ 或 21 个观察的方差和协方差,有 16 个自由参数——ζ_1 和 ζ_2 的方差、β_{21}、λ_{21}、λ_{31}、λ_{22}、λ_{32}、6 个

观察指标的误差方差以及各指标不同时期的误差项之间的 3 个协方差。潜变量的刻度通过将 λ_{11}、λ_{12} 固定为 1 而得到设定。模型共有五个自由度。表 4.2 给出了这一模型的几种变形的最大似然估计。

表 4.2　三指标二期模型：含有和不含相关的测量误差

	相关误差模型(1)	无相关误差的模型(2)
测量系数		
λ_{11}	1.00^a	1.00^a
	0.68	0.70
λ_{21}	1.12*	1.11*
	0.68	0.69
λ_{31}	1.59*	1.48*
	0.91	0.88
λ_{12}	1.00^a	1.00^a
	0.75	0.79
λ_{22}	1.11*	1.06*
	0.77	0.79
λ_{32}	1.41*	1.30*
	0.91	0.89
θ_{11}	3.92*	3.66*
θ_{22}	4.85*	4.66*
θ_{33}	1.69*	2.36*
θ_{44}	3.34*	3.11*
θ_{55}	3.68*	3.42*
θ_{66}	1.80*	2.28*
θ_{41}	1.47*	——
θ_{52}	0.91*	——
θ_{63}	$-0.74*$	——
稳定性系数		
β_{21}	0.62*	0.64*
	-0.54	0.54
$R^2(\eta_2)$	0.29	0.29
$\chi^2(\text{df})$	12.5(5)	69.8(8)

注：表中的数字为非标准化最大似然估计。标准化的系数带下划线。所有
　模型的 N 都是 377。
　a. 系数被固定为 1。
　* 表示在 0.05 水平上显著。

　　表格第二列所示结果对应图 4.3 的相关误差模型。正如该表所示,所有参数估计都在统计上显著,包括各个指标不同时间的测量误差之间的协方差($\theta_{\epsilon_{61}}$、$\theta_{\epsilon_{62}}$、$\theta_{\epsilon_{63}}$)。估计的"签名请愿"指标(Y_3 和 Y_6)间的协方差为负,这一不合理的结果将在第 5 章的负自相关背景下讨论。将 λ_y 系数取平方即可得到各指标的信度,因为在完全标准化的模型中,η 和 Y 的方差都等于 1。[15] 在本例中,信度在 0.5 到 0.8 的范围内,表明观察变量中有大量的随机测量误差。潜在"合法抗议倾向"变量的非标准化稳定性被估计为 0.62,标准化作用为 0.54。模型的拟合优度以 χ^2 测量,为 12.5,带五个自由度,表明模型对观察数据的拟合相对较好。

　　在第三列中,估计了一个不带自由的误差协方差的模型,最终拟合度要差很多,在八个自由度下,χ^2 值为 69.8。由于这一模型除了 $\theta_{\epsilon_{61}} = \theta_{\epsilon_{62}} = \theta_{\epsilon_{63}} = 0$ 的限定之外,与第二列中的模型完全一样,因此,放宽这些限定对模型拟合度的改进可以通过比较两个 χ^2 而得到检验。在本例中,卡方值之差在三个自由度下为 57.3,因此通过允许误差项之间存在协方差而使模型得到的改进在统计上是显著的。不过实际上,误差协方差并不大,因为两个模型的非标准化稳定性相差小,而在两套标准化的稳定性之间没有差异。

　　一些其他测量模型同样可以在 LISREL 框架中得到检验。其中一个值得推荐的模型根据 Wheaton 等人(1997)的主张,限定每个指标在第一轮调查和第二轮调查中的 λ 系数相等,这可以保证潜变量在不同时间上的相似性。通过施加这一限定,模型得到两个自由度,在这种情况下,χ^2 的差异为 2.7,在 0.05 水平上统计不显著。因而可以得出结论认为这一相等性限制在这一数据中成立。其他的模型还可以限定相似指标在不同时点的误差方差相等,或者如果有理论依据怀疑指标间存在某些与潜变量不相关的共同变异,也可以设定让同一时点的不同指标间的误差协方差自由变化。还可以就总体中的不同子群体比较各个测量系数和潜变量的稳定性。关于群体差异的讨论,可以参阅 Jöreskog 和 Sörbom 的著作(1989:第9章),该方法的应用可以在 Judd、Krosnick 和 Milburn(1981)以及 Porst、Schmidt 和 Zeifang(1987)的著作中找到。

整合多指标模型和结构模型

这种类型的测量模型可以被直接整合进更复杂的因果系统。我们可以设置一些模型,假定图4.3中的潜变量被一系列外生变量或内生变量所影响,这些新增变量可以带有误差项,也可以不带。在 LISREL 中,可以对 $\mathbf{B}$、$\mathbf{\Psi}$、$\mathbf{\Lambda}_y$、$\mathbf{\theta}_\epsilon$ 矩阵进行调整,以刻画新的内生变量的测量与结构方程系统。如果模型中有外生变量,还需对与它们的测量模型对应的矩阵($\mathbf{\Lambda}_x$, $\mathbf{\theta}_\delta$)以及与结构效应对应的矩阵($\mathbf{\Phi}$, $\mathbf{\Gamma}$)进行设定。

作为例子,我们将对二期德国抗议数据中,合法抗议倾向与群体资格之间的交叉滞后作用和同步因果作用进行检验,这一数据使用三个指标来测量抗议倾向。我们假定群体成员资格在第一轮、第二轮中无测量误差,由于两个时点都只有一个指标,这一变量可能的测量模型无法识别。因此,对 LISREL 的测量误差矩阵进行修正,以反映两个内生

变量(GROUPS$_1$ 和 GROUPS$_2$)得到完美的测量,GROUP 和
PRPOTEST潜变量的结构效应在 **B** 矩阵中设定,潜变量结构
扰动项的方差和协方差在 **Ψ** 矩阵中设定。回忆前面的章节
可知,如果没有其他仅影响被关注变量之一而不影响另一个
的外部外生变量,同时带有交叉滞后作用和同步交互效应的
二期模型就将不可识别。因此,要估计这一模型,必须为第
二轮调查中的合法性抗议倾向和群体成员资格分别设置一
个工具变量。这两个外生 ξ 变量被设定只分别对两个交互
相关的第二轮变量中的一个有影响。这样的变量并不是该
研究数据收集的一部分,但调查含有受访者潜在的非法政治
活动参与(如参与非法游行)的倾向以及受访者自报的、鼓励
非法抗议行为的群体成员资格等信息。如果我们假定 1989
年的非法抗议倾向会影响 PROTEST$_2$ 但与 GROUP$_2$ 方程的
扰动项无关,1989 年的非法成员资格会影响 GROUPS$_2$ 但与
PROTEST$_2$ 的扰动项无关,那么这些外部变量可被当做工具
变量以识别这一模型。这个描述两轮调查间 GROUPS 和
PROTEST 关系的模型的最大似然估计为:

$$PROTEST_2 = 0.45 \ PROSTEST_1 + 1.13 \ GROUPS_2 + (-0.20) \ GROUP_1$$

$$(0.11) \qquad\qquad (0.57) \qquad\qquad (0.27)$$

$$\underline{0.41} \qquad\qquad \underline{0.45} \qquad\qquad \underline{-0.07}$$

$$[4.14]$$

$$GROUPS_2 = 0.27 \ GROUPS_1 + (-0.01) PROTEST_2 + 0.11 \ PROTEST_1$$

$$(0.14) \qquad\qquad (0.05) \qquad\qquad (0.06)$$

$$\underline{0.25} \qquad\qquad \underline{0.03} \qquad\qquad \underline{0.25}$$

　　这些估计结果表明，GROUPS 和 PROTEST 之间的关系与我们在利用三期全国青少年调查数据分析同龄伙伴涉入与违法行为之间的关系时，看到的反馈过程相同。抗议倾向对第二轮调查时的群体成员资格有显著的滞后作用（在控制群体成员资格初始值的情况下），而群体成员资格对抗议倾向具有同步作用。

利用背景变量来识别双指标测量模型

　　在一些情况下，并不存在三个指标用以估计带有相关的误差项的测量模型。在这种情况下，如果至少存在一个在两个时点都对潜变量有影响的背景变量，那么仍有可能识别图 4.2 中含有相关的测量误差的二期—双指标测量模型（Dwyer，1983:400）。在 LISREL 中，可以通过将该背景变量作为外生 ξ 变量纳入，并在 Γ 矩阵中将其效应设定为自由参数的形式对这一模型进行设定。如果每轮调查中有一个 λ 系数被设定为 1，那么现在全部自由参数的总数为 14：ζ_1 和 ζ_2 的方差、β_{21}、λ_{21}、λ_{22}、4 个误差方差及 2 个误差协方差、2 个从背景变量到潜变量的 γ 作用，还有 1 个背景变量的 φ 方差。因为纳入背景变量后有 15 个（$5 \times 6/2$）观察的方差和协方差，所以模型过度识别，带有一个自由度。

三期三指标模型

　　要识别和估计含有相关的测量误差的模型的最后一个办法，是至少再收集一轮信息。如果一个潜变量的两个指标被测量三轮,那么所有将潜变量与指标连起来的参数、潜变量的稳定性系数以及相邻轮次的指标的测量误差都能在没有限制的情况下得到估计。在这种情况下,将有 21 个观察的方差协方差、18 个自由参数,因而整个模型带有三个自由度,可以被检验。该模型唯一的局限在于,如果没有进一步的限制,第一轮和第三轮指标的测量误差间的协方差将无法被识别。合理的限制之一是让相邻两轮调查的测量误差的协方差相等,在这一假定下,连接第一轮和第三轮指标测量误差的协方差也可被识别。另外,还可以将各轮调查的 θ_ε 值设定为相等,但与上面讨论过的单指标模型一样,这一限定欠缺合理性。

当潜变量的三个指标被测量的时点数达到三个甚至更多时,不相邻轮次的测量误差间存在相关的模型,在没有限定的情况下也能被估计。与调查轮次更少的数据相比,这一模型还允许对相关的测量误差进行更灵活的建模和解释。例如,Jagodzinski(1987)以及 Raffolovich 和 Bohrnstedt (1987)展示了带有相关的测量误差的模型是如何与经典的因子分析模型直接对应的,后者的每个观察变量都是下列三个方差的函数:公因子、纯误差方差以及具体题项因子——用来测量只属于该题项的方差,这一方差既非随机测量误差,也和公因子无关。因此,题项因子混合了前面讨论过的不同时点的测量误差间的相关。在截面分析中,具体题项方差与特有随机误差成分是混合在一起的,因而会高估一个指标的纯误差成分(Raffolovich & Bohrnstedt,1987:386)。如果拥有多期面板数据,要想区分具体题项的方差的三个来源,就可以估计图 4.4 所示的模型。

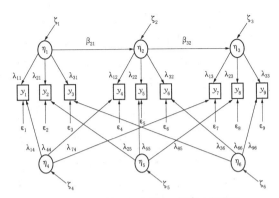

图 4.4　含具体题项因子的三指标三期模型

在这一模型中，y_k 的每一个指标都由一个公因子(第一轮是潜变量 η_1，第二轮是 η_2，第三轮是 η_3)、一个误差项 ϵ_k 以及一个具体题项因子(每轮调查的第一个题项对应的是 η_4，第二个对应的是 η_5，第三个对应的是 η_6)引起的。模型中有一个 λ 系数或因子负载将每个指标与实际关心的潜变量联系起来，另一个则在每个时点，将该指标连到题项因子上。这一模型假定，随机误差与结构扰动项与潜变量及具体因子无关，且假定具体因子与公因子彼此独立。

要设定前面在 LISREL 中估计过的简单的相关误差模型，只要让相邻期次的 ϵ_k 间的协方差自由变化即可。由于这里包含具体因子，所以 LISREL 的设定在一定程度上更复杂了。各个公因子 η 的刻度的设定是通过将每轮调查中的一个指标的系数固定为 1 来完成的，而具体因子的刻度同样是通过将某轮调查中连接具体因子和指标的系数固定为 1 来实现的。这些设定的选择是随意的，但每个潜变量一定要有一个指标的系数被固定为 1，各个具体因子也是如此。测量误差方差被设定互不相关，因为具体因子上的负载已经把握住了相同题项的历时相关。图 4.4 所展示的模型是过度识别的,它具有 16 个自由度,因此总共有 9 × 10/2 或者说 45 个观察的方差和协方差,而仅有 29 个自由参数需要估计。通过对某些系数施加限制,还可以对其他替代模型进行估计和比较。例如,不含具体题项因子的模型、公因子与其各指标之间的因子负载在不同时间相等的模型、具体因子与其各指标之间的因子负载在不同时期相同的模型都可以被检验和互相比较。只要这些模型相互嵌套,也就是说,模型所含变量相同而只是在 **Λ** 或 **θ**$_\varepsilon$ 矩阵上的限制多出一个或几个,那就可以通过两个模型的 χ^2 之差对模型拟合的提高程度进行评估。

　　只要得到估计结果,就可能将每个指标的方差分解为共同部分、具体部分及纯随机误差部分。Raffolovich 和 Bohrnstedt(1987)表明,当所有潜变量(包括各具体因子)都被标准化成均值为 0、方差为 1 时,每个指标的总方差可以被估计为:

$$\hat{\sigma}^2(y) = \lambda_c^2 + \lambda_s^2 + \theta_\varepsilon \qquad [4.15]$$

其中,c 表示公因子,s 为具体因子。因此,要计算公因子、具体因子以及纯误差方差各占题项方差总和的比例,就非常简单了。

　　最后,这些模型中的测量效应与本章讨论的所有模型一样,也可以放在被充分设定了的结构方程模型中进行估计。这一方法的优点是,潜变量稳定性的估计偏差将会降低,而且这些差异也可能影响测量误差的估计。另外,在很多分析中,校正测量误差是为了获得对潜变量之间因果作用的无偏估计,而同时对测量误差及结构效应进行设定,则能更好地实现这一目标。

第 **5** 章

虚假相关及自相关的扰动项

　　在前面的章节中,我们已经描述了通过估计带有各种时滞结构和变量测量误差的面板模型来强化因果推论的不同方法。不过,跟踪调查情境下的因果推论的成功不仅取决于准确设置的合适时滞结构以及对测量误差的矫正,还需控制那些对因果系统存在潜在污染效应的外部不可测量变量。不可测量变量是内生变量的结构扰动项出现自相关的主要原因,忽视这一因素将导致许多稳定得分面板模型中因果作用的OLS估计有偏。这个问题很普遍,但面板数据常常含有足够的信息对自相关进行控制,也能对变量间其他可能的虚假相关类型进行检验。虚假相关面板模型直接建立在前一章讨论过的测量模型基础上。

　　请认真回想一下我们使用"全国青少年调查"探讨过的违法同龄伙伴涉入程度(IDP)与自报违法行为(SRD)两个变量之间的关系。在第3章中,我们看到面板数据是如何有助于估计这两个变量间可能的交互作用的。不过,可能为真的另一个替代模型是,事实上IDP和SRD测量的并非完全不同的概念,相反,它们可能都是一个更一般的公因子的具体指标,如个体在不法行为方面的总行为倾向(Gottfredson & Hirschi, 1987)。在这种模型中,公因子"导致"受访者对两个变量的反应,而 IDP 和 SRD 量表之间的所有共变都能被它们与这一公因子的相关所解释。尽管依靠截面数据,我们无法排除公因子模型,但是在面板数据中,公因子模型是可以估计的,并且能与变量间存在直接因果作用的模型进行比较。

在另一些情况下,公因子模型能在理论基础上被排除。例如,我们有很好的理由假定对候选人的评价与个体的政党认同并非某个一般性概念的指标,关于两个概念理论上的差异,已经有很好的论述了。但虚假相关的问题仍然存在,因为未被纳入模型的其他变量仍然可能对因果系统产生影响。这些变量并非政党认同和对候选人的评价所测量的概念的"潜在"变量,而是在数据收集时遗漏了的或者研究者根本未加以考虑的代表其他不同因素的变量。这些变量可能是背景性的社会或人口学的特征,例如之前服兵役的情况、之前的选举行为或者是对总统竞选表现的评价等态度因素,它们能够同时影响政党认同和对竞争候选人的评价。在截面研究中,这些变量都被归入内生变量的误差项,就这一点而言,不可测量变量与政党认同和候选人评分都有关,因此,连接这些变量的系数的估计将有偏。在跟踪调查中,这个问题会因不可测量变量存在一定的历时稳定性而更加复杂。在这种情况下,内生变量的结构扰动项会呈现自相关,模型参数的 OLS 估计也会不正确。在稳定得分面板模型中,不可测量变量会导致对滞后的 Y 的作用估计有偏,X 对 Y 的作用的估计同样可能受其影响而出现偏差。

本章将介绍一些利用面板数据估计公因子和不可测量变量模型的可选方法。这些模型无法提供控制变量间虚假相关的万无一失的方法,它们都有着各自的前提假定,这些假定在一定的研究环境中可能成立,也可能不成立。尽管这些方法不会也不能产生实验设计所能提供的因果推论信心,但在提高非实验情境下的因果推论的质量上,它们确实提供了我们需要的帮助。

第 1 节 | 公因子模型

二期双变量公因子的一般模型如图 5.1 所示。在该模型中，X 对 Y 或 Y 对 X 都没有因果作用，观察到的两个变量间的协方差，是它们与公因子 Z 在每个时点上的联合关系的函数。变量 X 和 Y 都还被一个假定与 Z 不相关的随机测量误差项 e_i 所影响。显而易见的是，该模型与第 4 章描述的双指标二期模型完全相同，图中的虚线表示 X 和 Y 的测量误差可能历时相关。该模型中需要估计的结构效应是包括公因子 Z 在时点 1 和时点 2 上对 X_1 和 X_2（λ_1 和 λ_2）的作用、Z 对 Y_1 和 Y_2（λ_3 和 λ_4）的作用以及 Z 的稳定性（β_1）。为了便于表述，X、Y 和 Z 被假定为标准化变量。对图 5.1 中的结构效应和测量误差作出不同假定而得到的各种虚假公因子模型，都可以用数据进行检验。

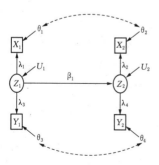

图 5.1 二期双变量公因子模型

两个带限制的公因子模型的检验可以直接通过比较具体观察相关系数的大小来进行。如果能够假定 Z 对 X_i 和 Y_i 的因果作用在不同轮次中相等，也就是说，$\lambda_1 = \lambda_2$ 且 $\lambda_3 = \lambda_4$，并且 X_1 与 X_2、Y_1 与 Y_2 之间不存在测量误差相关，那么模型预测结果中 X_1 与 Y_2、Y_1 与 X_2 的交叉滞后相关将相等 (Kenny，1973)。正如第 3 章提到的，比较交叉滞后相关已不被认为是评估变量间因果优先次序的方法 (Duncan，1969；Rogosa，1979；Shingles，1976)，但它检验这种特定的 (尽管是限制性的) 虚假模型的作用仍然存在。当不存在相关的测量误差，且 Z 对它的指标 X 和 Y 在不同调查轮次中的作用不相等时，对应的模型检验将变成：

$$r(X_1X_2)r(Y_1Y_2) = r(X_1Y_2)r(X_2Y_1) \qquad [5.1]$$

也就是说，取决于 X 和 Y 的历时稳定相关系数的乘积是否等于交叉滞后相关的乘积。

然而，这些检验常常是不完全的，因为它强行假定了调查轮次之间的测量误差相关。允许误差相关可能性的公因子模型可以在 LISREL 及相关框架里进行设定和检验，方法与前一章讨论的二期双变量测量模型一样。"全国青少年调查"第一轮和第二轮的数据中，违法同龄伙伴涉入程度（IDP）与自报违法行为（SRD）之间的关系可以用来说明这些方法。

不含相关误差模型的 LISREL 初始估计显示，它无法解释 SRD 和 IDP 之间被观察到的历时相关。该模型强令 Z_i 对 SRD 和 IDP 的结构效应在不同时期相等，从而导致对数据的拟合非常差，三个自由度下的 χ^2 值为 161.3。放宽相等性限定后，模型大为改善，结果为一个自由度下的 χ^2 值等于 138.5。χ^2

值之差 22.8 在两个自由度下统计上非常显著,不过这一结果表明,模型的整体拟合度依旧很差。因此,在解释 NYS 数据中 SRD 和 IDP 的关系上,这两个限制模型都可能被拒绝。

不幸的是,含相关的测量误差的公因子模型是无法识别的,估计结构参数需要更多信息。一种办法在第4章中已讨论过,即增加一轮观察,所得的三期双变量模型将有足够的相关系数(15)用于结构参数的估计。然而,正如我们已经知道的,仅相邻轮次变量的测量误差相关的模型能在无限制的情况下得到识别。要估计第一轮和第三轮变量间的误差相关,更多指标或者对特定参数的相等性限定成为必要。不过,当只有两轮数据可用时,添加背景变量也能达到在无限制的情况下识别全部结构参数和测量误差相关的目的。该模型是过度识别的,带有一个可用以对模型的拟合度进行检验的自由度。

在当前的例子中,年龄作为观察的背景变量被纳入模型,可以重新对 IDP_1 和 IDP_2 之间以及 SRD_1 和 SRD_2 之间含有相关误差的模型进行估计。该模型比先前两种设定的模型的拟合度更好,一个自由度下的 χ^2 是 4.9。尽管如此,这一拟合优度还不足以支持该模型在总体中成立。相比之下,依照先前发现的反馈过程(第二轮中的 IDP 对 SRD 具有同步作用,第一轮 SRD 对第二轮 IDP 具有交叉滞后作用)设定的 IDP 和 SRD 因果作用模型对数据的拟合极好,并且显示 IDP 和 SRD 之间的因果作用显著。在这个例子中,对虚假公因子模型的拒绝增强了我们对含有直接因果作用的模型适用性的信心。

当公因子模型未被拒绝时,它的估计系数的解释与第 4

章的测量模型中的完全一样。Z_i 对 X_i 和 Y_i 的作用代表了这些指标对公因子的负载，β_1 代表公因子的历时稳定性。在加入了背景变量的模型中，γ 系数代表背景变量对公因子的作用，而观察变量测量误差之间的相关代表 X 或 Y 的与公因子无关的具体题项的历时变化。

不过，和在前面几章中一样，需要强调的是，如果参数估计结果不合理或所表示的实际关系在理论上站不住脚，那么绝对不能仅仅根据统计结果而接受模型。在估计过程中应时刻注意模型背后的假定以及给定情境下，这些假定是否合理。如果模型并不拟合数据或在理论上不可接受，那么应该对其他替代模型，包括那些含有直接因果作用的模型，进行检验和比较。

第 2 节 | 不可测量变量模型

　　变量的虚假相关除了因为它们与同一个公因子有联合关系外,还可能是另一个过程造成的。X 和 Y 可能因为在既定模型中遗漏了理论上迥异的不可测量变量而出现相关。但如果关于这些不可测量变量的形式的某些假定能被证实,那么将不可测量变量的污染效应剔除后,面板数据就能用来估计所关注变量间的直接因果作用。

　　假定解释某个因变量 Y_t 的真实模型为:

$$Y_t = \beta_0 + \beta_1 X_t + \beta_2 Y_{t-1} + Z_t + \varepsilon_t \qquad [5.2]$$

其中,Z_t 是研究者未知的或不能被纳入模型的不可测量变量,ε_t 是随机扰动项。不正确的估计方程变为:

$$Y_t = \beta_0 + \beta_1 X_t + \beta_2 Y_{t-1} + u_t \qquad [5.3]$$

其中,

$$u_t = Z_t + \varepsilon_t \qquad [5.4]$$

Z_t 出现在扰动项 u_t 中会产生一些重要的后果。首先,只要 Z_t 的稳定性大于 0,u_t 必然会历时相关。换句话说,外生变量 Y 的结构扰动项会出现自相关。第二,如果 Z 的稳定性不等于 0,方程 5.3 中的 Y_{t-1} 将必然与 u_t 相关,因为它们都与 Z_{t-1} 相关。这意味着,OLS 不再适合用来估计这一模型,因为扰动项和解释变量 Y_{t-1} 之间的相关会导致方程参数估计的有偏和不一致(Johnston,1972),这通常会使 OLS 高估 Y_{t-1} 对 Y_t 的真实作用,因为被遗漏变量 Z 的稳定性会导致 Y 被观察到的稳定性中有一部分是虚假的。第三,一旦被遗漏变量 Z_t 还与 X_t 相关,那么新的偏差还会出现在对方程 5.3 的 β_1 的估计中。在这种情况下,方程 5.3 中 X_t 对 Y_t 的作用至少是部分虚假的,因为它们都与 Z_t 相关,偏差严重程度取决于 Z 与这两个观测变量的相关强度。

与拥有大量历时性观察值的时间序列分析不同,在仅有少数几轮观察的短期面板研究中,校正因被遗漏变量而造成的偏差非常困难。当内生时滞变量作为预测变量时,这种问题最为严重,因为因果模型需要同时设定 Y_{t-1} 对 Y_t 和 u_{t-1} 对 u_t 的作用。显然,最好的方法是尽可能充分地设定实质性模型,这样一来,给定方程的误差项会相对较小,由被遗漏变量所引发的误差相关的危害也会降低。但设计局限往往会使这种策略不太可行,剩下的模型估计选择还有几种。

首先,可以将以外部观察变量形式出现的额外信息纳入模型,方程 5.3 的参数可能通过类似工具变量的估计方法得到复原。第二,可以对被遗漏变量 Z 的稳定性作出不同假定,从而使结构扰动项之间的协方差以某种可预见的形式出现。通过在多轮面板分析中对扰动项的协方差施以限定,并在 LISREL 或类似的程序中估计模型,方程 5.3 的参数是有可能获取的。第三,可以在 LISREL 框架中对更多不可测量变量进行明确设定,并且如果信息——观察到的相关——充足,包含 X 对 Y 的结构效应以及 Z 对每个变量的历时效应等在内的各种模型就都可以得到估计。我们将用本书已经分析过的经验案例来对这些方法逐个进行说明。

工具变量法

解决方程 5.3 中误差自相关问题的方法之一是使用工具变量提供额外信息,但它需要满足前几章已经提过的条件:(1)与 Y_{t-1} 相关,但是不与 u_t 相关;(2)对 Y_t^* 不存在直接的因果作用。第一个前提条件保证工具变量与方程的扰动项不相关,第二个前提条件保证了模型可识别。如果这样的工具变量能够被找到,那么两阶段最小二乘法或最大似然法都可以用来获得方程 5.3 的参数的一致估计。

例如,影响 1987 年和 1989 年的合法抗议倾向和群体资格的被遗漏变量就有可能导致前面章节所讨论模型的扰动项自相关。用来预测 1989 年的抗议行为和群体资格的稳定得分方程只有在两个滞后因变量——1987 年的合法抗议倾向和群体资格——存在一个或一组工具变量时,才能被估计出来。如果可以假定 1987 年的非法抗议倾向(Z_1)影响了1987 年的合法抗议倾向,但在控制其他变量的情况下,对1989 年的合法抗议倾向没有直接的因果作用,且与 1989 年的合法抗议倾向的结构扰动项不相关,那么它就可以充当1987 合法抗议倾向的工具变量。TSLS 估计的程序与前面章节中的一样:用 Y_{t-1} 对其工具变量和所有其他外生变量进行回归得到 $\hat{Y}_{t-1}$,然后用 Y_t 对 $\hat{Y}_{t-1}$ 和在 Y_t 预测方程中出现的所有其他变量进行回归。

如果交互效应模型中存在由被遗漏变量 Z 引起的扰动项自相关,也就是说,方程 5.3 中的 Y 也会影响 X,情况就会变得更复杂。在这种情况下,X 和 Y_{t-1} 都必然与 u_t 相关,模型需要再纳入一个工具变量(Hannan & Young,1977)。在当前的例子中,如果我们假定时点 1 时,鼓励非法抗议的群体的资格(Z_2)与时点 2 的结构扰动不相关,那它就可以被当做交互效应模型中的 GROUPS 的工具变量。

在 LISREL 框架中,这类模型的估计是前面估计过的模型的直接拓展。结构扰动项之间的有关协方差在 $\mathbf{\Psi}$ 矩阵中设定,如果 PROTEST_1、PROTEST_2、GROUPS_1、GROUPS_2 是内生变量 1 到内生变量 4,就可以让参数 ψ_{21} 和 ψ_{43} 处于自由状态以允许自相关的可能性。工具变量被作为外生 ξ 变量,它们的效应在含有外生变量和内生变量之间的结构效应的 $\mathbf{\Gamma}$ 矩阵中设定。在该矩阵中,为了保证模型的识别,必须对某些 γ 效应加以限定。例如,将 1987 年的非法抗议倾向对 1989 年的 PROTEST_2 的作用限定为 0,1987 年鼓励非法抗议的群体的资格对 1989 年 GROUPS_2 的作用也设定为 0。其余效应和矩阵的设定与前面章节中的设定完全一样,具体设定取决于被假定掌控整个因果系统的准确结构和测量过程。

假定测量模型为前一章针对 PROTEST_1 和 PROTEST_2 的三指标测量模型,结构模型为在那里没有设置的"反馈模型"以揭示 GROUPS 和 PROTEST 之间历时性的结构效应,这一自相关模型是用 LISREL 最大似然法估计的,下面是模型的结构部分:

$$\text{PROTEST}_2 = 0.32\ \text{PROTEST}_1 + 1.17\ \text{GROUPS}_2$$

[5.5]

$$(0.09) \qquad\qquad (0.15)$$

$$\underline{0.29} \qquad\qquad \underline{0.46}$$

$$\text{GROUPS}_2 = 0.95 \text{ GROUPS}_1 + (-0.01)\text{PROTEST}_1$$
$$(0.16) \qquad\qquad (0.05)$$
$$\underline{0.86} \qquad\qquad -0.03$$

PROTEST$_1$ 和 PROTEST$_2$ 扰动项的协方差估计结果在统计上不显著,取值为0.25,标准值是 0.05。而 GROUPS$_1$ 和 GROUPS$_2$ 两者的误差项的协方差估计值为-0.25,标准化取值是-0.34。这一结构扰动项之间的协方差估计在统计上显著。将本模型中的抗议倾向与群体资格之间的交互效应估计与方程4.14 中的非自相关模型进行对比,就可以看到,此处两个变量间的关系完全是单向的,GROUPS 影响PROTEST。两个模型中的 PROTEST 的稳定效应,尤其是GROUPS 的稳定效应差异很大,这是不同时点的 GROUPS变量的扰动项之间的协方差为较大负值的直接结果。

　　无论是通过两阶段最小二乘方法还是LISREL类方法来估计自相关扰动项的面板模型,都会出现这种类型的负向自相关(Long, 1983b:78; Markus, 1979:53)。尽管负向自相关存在具有实质性的解释的情况,但更可能意味着模型设定出错。一个很大的可能性是变量(在这里是 GROUPS$_1$ 和GROUPS$_2$)测量无误差的假定是错误的。测量误差的存在和自相关,即自变量与其方程的误差项之间的相关,一样会给 OLS 估计带来相同的问题。由于测量误差的解决办法之一也是在分析中纳入工具变量,所以当这一偏差得到控制时,结构效应也常常会像在测量模型中的一样,不会变小。[16]因此,当负向自相关结果出现时,对模型的解释需要非常谨慎,并应该提出其他可以修正测量误差或设定错误的新模型。

在只有二期观察时,工具变量法是控制自相关的扰动项的唯一可行办法,但有关工具变量的外生性和其对系统中其他变量的作用的潜在假定常常是站不住脚的。在当前的例子中,我们假定1987年的非法抗议倾向与1987年的合法抗议相关,但是对1989年的合法抗议没有影响,并且与1989年的合法抗议倾向的误差项中所有被遗漏的变量 Z 都不相关,这一假定本身就可能是不合理的。而且,用工具变量替代滞后的内生变量通常会使所有因果作用的第二阶段估计变得很不准确。这些问题表明,工具变量方法作为控制因果系统中被遗漏变量的混淆效应的手段,在很多情况下是不太令人满意的。如果有三期或多期数据,下面介绍的方法通常更加适合。

对不可测量变量的稳定性作出各种假设

对带有自相关扰动项的因果作用进行估计的另一种方法是基于对方程5.4的误差项中被遗漏变量的稳定性的不同假设。在短期跟踪研究中,有理由假定 Z 代表一些个体的或具体单位的特征,或者一些不随时间而改变的特性,也就是说,$Z_{t-1} = Z_t = Z$。因而方程5.4的误差结构变为:

$$u_t = Z + \varepsilon_t \qquad [5.6]$$

这里,ε_t 是随机扰动项。在该假定之下,无论针对哪个间隔,方程5.3的误差项 u_t 之间的相关都是定值,也就是说,时点1和时点2的误差项之间的相关与时点1和时点3、时点2和时点3、时点1和时点4等误差项之间的相关完全相同。在长期跟踪调查中,被遗漏变量更可能表现出不那么完美的历时稳定性,此时,误差项的结构将遵照时间序列研究中常见的一阶自回归模式:

$$u_t = \rho u_{t-1} + \varepsilon_t \qquad [5.7]$$

其中,ρ 为取值小于 1 的自相关参数,ε_t 和之前的定义一样。在这一误差结构下,误差项之间的相关会以几何级数衰减,如果相邻扰动项之间的相关为 ρ,那么相距两个间隔的扰动项之间的相关是 ρ^2,如此类推。

Tuma 和 Hannan(1984)以及 Stimson(1985)简单介绍了在混合横截面数据和时间序列分析框架下,估计此类含有自相关误差结构的面板模型的方法。在三期或多期调查数据下,如果模型的因果结构不随时间而变化,并且相邻两次观察间的时间间隔相等,混合数据法将是合适的分析方法。在此处讨论的自相关模型中,这些方法的主要缺陷在于,和之前提到的一样,一旦两个变量被假定在一个交互因果模型中相互影响,就需要以工具变量的形式纳入更多信息。

尽管文献中的范例很少,但非混合的多期面板自相关模型也能在 LISREL 框架中进行估计。这种模型的估计与二期数据情况下一样,首先让结构扰动项的 $\mathbf{\Psi}$ 矩阵的非对角元素自由取值,然后根据对扰动项结构的假定,给单个 ψ 元素施加限制。在标准化的三期模型中,内生变量 Y 有三个扰动项相关需要设为自由形式:ψ_{21},代表第一轮、第二轮调查中 Y 的扰动项的相关;ψ_{32},代表第二轮、第三轮扰动项之间的相关;ψ_{31},代表第一轮、第三轮扰动项的相关。类似的代表 X 变量不同时间的误差项之间的相关参数也需要被放开。最后,带有恒定遗漏变量的模型可以通过使内生变量的扰动项之间

的各个相关系数彼此相等的方式得到估计[17],也就是说:

$$\psi_{21} = \psi_{32} = \psi_{31} \qquad\qquad [5.8]$$

表 5.1 展示了结构扰动项之间存在和不存在相关的两个模型的参数估计,使用的是上一章分析过的 1980 年的政党认

表 5.1　带有和不带自相关扰动项的三期模型

	模型(1)	模型(2)
稳定性		
政党认同	1.0	0.99
	(0.02)	(0.03)
民意评分	0.80	0.71
	(0.05)	(0.07)
交叉—滞后作用		
政党认同—民意评分	0.13	0.20
	(0.03)	(0.04)
民意评分—政党认同	−0.02	0.01
	(0.02)	(0.01)
自相关的扰动项		
政党认同	−0.13	−0.003
	(0.01)	(0.03)
民意评分	−0.09	0.05
	(0.03)	(0.04)
同步的扰动项相关		
政党认同—民意评分	0.04	0.03
	(0.01)	(0.01)
测量误差方差		
政党认同		0.13
		(0.03)
信度估计值		0.87
民意评分		0.20
		(0.04)
信度估计值		0.80
χ^2(df)	71.3(7)	9.8(5)
	$p < 0.001$	$p = 0.08$

注:表中数字为标准化的最大似然估计值。括号中为标准误。所有模型的
　　N 都是 733。

资料来源:全国选举研究,主面板文件,1980 年。

同和候选人评价之间关系的例子。和往常一样,假定因果作用为交叉滞后设定,且限定第一轮到第二轮间 PID 对THERM 的交叉滞后作用和第二轮到第三轮间的相等。THERM 对 PID 的作用以及 PID 和 THERM 的历时稳定性也都做了类似限定,对 PID 和 THERM 的误差相关做了如方程 5.8 那样的限定以模拟稳定的遗漏变量产生的自相关扰动项。

初始模型(1)设置了自相关扰动项,但是没有考虑任意变量的各个时点的测量误差。结果显示政党认同和民意评分估计的稳定性非常高,交叉滞后作用只在一个方向上——从 PARTY 到 THERM——统计显著。不过,和在两轮模型中一样,自相关估计值为负且在统计上显著,表明模型可能存在设定错误。考虑到上一章的结果模式,模型(1)无测量误差的假定很可能是错误的。模型(2)重新估计了该模型,但设置了第 4 章的三期单指标测量误差结构,并同时纳入自相关的扰动项。结果显示,两个自相关参数都很小,且在统计上不显著,而稳定性和交叉滞后作用都与第 4 章发现的结果近似。此外,模型整体对数据的拟合要比无测量误差模型(1)好得多。我们对 1980 年大选期间,政党认同和候选人民意评分之间的关系为单向因果作用的信心更强了,因为在对因果系统中的自相关和测量误差假定不同的几个模型中,这两个变量间的作用模式一直保持相似。另外,在这个例子里,测量误差对因果作用估计的影响似乎比自相关的混淆效应大。尽管如此,自相关给因果推论带来的潜在错误仍然很严重,只要有可能,研究者就应当尽量使用不同的模型设定来验证确保因果结论的模式。

如果误差结构被假定服从方程 5.7 的一阶自回归模式，那么 LISREL 估计可以在标准化模型中运行。估计时，放开扰动项相关，并将相邻扰动项的协方差设定为彼此相等，然后令时点 1 和时点 3 的扰动项协方差等于时点 1、时点 2 的扰动项协方差与时点 2、时点 3 扰动项协方差的乘积。在 LISREL 中对模型参数进行此类限定的方法，请参见 Hayduk 的著作（Hayduk，1987）。最后，还可以设置 LISREL 模型以对扰动项的协方差进行没有限定的估计，只要用来识别这些参数的信息足够。不过，在交互效应模型中，对这些相关进行无限定的估计通常是不可能的，而且这种特别的模型设定无法反映任何已知的误差项结构。

对不可测量变量明确建模

在 LISREL 或其他结构模型框架下估计带遗漏变量的模型的最后一种方法是明确设定一个额外的、没有测量指标的潜在变量，以代表因果模型中的不可测量变量 Z。为了使同时含有 X 和 Y 之间的结构效应以及来自"虚幻"变量 Z 的效应的模型得到估计，至少需要三轮观察。这种方法的主要优点在于，它允许直接设定因果系统中测量变量和不可测量变量间假定的相互作用，并且只要有足够的自由度用以识别参数，它就能提供所有因果作用的大小和方向的最精细的估计。图 5.2 展示了这类不可测量变量模型中的一种可能形式，其中遗漏变量 Z（在 LISREL 中作为没有测量指标的新增 η 来建模）一直同时影响 X 和 Y，而 X 和 Y 之间也有交叉滞后作用。

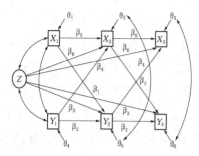

图 5.2 含有不可测量变量 Z 的三期交叉滞后模型

表 5.2 自报违法行为和违法同伴涉入度的三期不可测量变量模型

结构效应	
SRD 到 SRD	0.40
IDP 到 IDP	0.14
IDP 到 SRD	−0.04*
SRD 到 IDP	0.01*
Z 到 SRD	0.45
Z 到 IDP	0.58
时间 1 时的相关系数	
r(SRD, IDP)	0.54
r(SRD, Z)	0.61
r(IDP, Z)	0.63
r(IDP, SRD 扰动项)	0.13
χ^2(df)	90.8(7)
p 值	<0.001

注:$N = 1725$。所有变量都已被标准化,表中所示的数字为最大似然估计。
不带星号的系数都在 0.05 水平上显著。
资料来源:全国青少年调查(1976—1978 年)。

  为了识别模型,必须限定结构效应在不同时期相等,Y_2 和 Y_3 方程以及 X_2 和 X_3 方程的误差方差也需分别设定彼此相等。不可观测变量 Z 的方差被设为 1。与迄今估计过的其他交叉滞后模型一样,模型中纳入了时点 2 各变量扰动项之间的同步共变以及时点 3 各变量扰动项之间的同步共变，以便把握那些可能在同一轮而非下一轮调查中，对 X 和 Y 都造成影响的被遗漏因素。在此设定之下，模型拥有七个自由度，已经过度识别。随着观测期次的增加，需要限定的参数减少。同样值得注意的是，通过纳入那些与 X 和 Y 相互影响的外部观察变量，这个模型扩展起来非常容易。在实际操作中，这些变量将被当做图 5.2 的全部六个变量的外生作用来处理，使模型成为那些由测量和不可测量的外部变量造成的潜在虚假性的代表。为了便于说明，在此处不考虑这些变量。我们用前面分析过的青少年自报违法行为（SRD）—违法同伴涉入度（IDP）的关系，对这一模型进行了估计，其结果展示在表 5.2 中。

　　该模型对数据的整体拟合度很差，在七个自由度下的 χ^2 值是 90.8（$p < 0.001$）。但是回想一下第 3 章中含有 SRD 和 IDP 同步交互效应和交叉滞后作用的模型，在八个自由度下的 χ^2 值是 167.0，这表明，比起只含直接因果作用的模型，不可测量变量模型对数据的拟合度更好。有趣的是，模型显示，一旦控制了不可测量变量的影响，SRD 和 IDP 之间的交叉滞后作用在任意方向上都不再显著。重新估计一个带有 IDP 对 SRD 的同步作用以及 SRD 对 IDP 的滞后作用的不可测量模型，得到的 χ^2 值是 101.8，自由度是 8，与上面的交叉滞后模型的拟合度几乎相同。在这一"反馈"模型中，IDP 对 SRD 的标准化作用显著，取值为 0.31，但 SRD 对 IDP 的标准化影响只有 0.10，比第 3 章所估计模型的值小。这两个模型在三期数据下无法直接比较，因为同时含有不可测量变量以及 X 和 Y 之间的同步因果作用和同步扰动相关的模型是不可识

别的。

　　不管怎样,这些结论让我们难以继续认为两个变量间的交互作用的大小相似。数据与关系至少是压倒性的单向关系,或者说与其完全虚假这一解释相吻合。在此情况下,由于模型拟合度差,所以还应当估计并比较那些允许观察变量存在测量误差的其他可能设定。如果能通过新增观测轮次的方式提供更多信息,利用含有多个不可测量变量并允许不可测量变量存在历时变化的模型,我们就可以设定出能对这些解释进行更准确的相互检验的模型。

　　本章简要介绍了一些由公因子和不可测量变量造成的虚假相关模型和自相关模型。如果控制了所有这些可能的虚假性来源后,变量之间仍然存在显著的因果作用,那么研究者将会对结论的效度有更大的把握。不过应当强调,被观测变量造成的虚假相关也是跟踪调查设计中非常重要的问题,在得出因果结论之前,可以而且应该用数据对这些效应进行检验。显然,所有在理论上与 X 和 Y 有关的被观测变量都应被纳入模型。另外,我们可以估计那些剔除了所关注变量间的所有直接因果作用的模型,并从拟合度和实际合理性方面将其与因果作用模型加以比较。X 和 Y 之间的共变可能是由被观测的第三个变量或者由扰动项之间的同步共变产生,而不是由直接的因果作用产生。因为因果作用模型嵌套在没有因果作用的模型之中,它们的相对拟合度可以在 LISREL 或相关程序中通过 χ^2 差异得到估计。

　　所有这些模型都应被当做检验虚假相关的补充工具。应当强调的是,估计含有公因子和不可测量变量的模型不能完全替代研究者可获得的其他更确定的手段,即直接纳入那些被认为与给定因果系统有关的变量。不过,至少此处的模型试图将不可测量变量的作用明确地整合到模型设计中,而不是简单地假定(横截面数据中所做的就是这样)所有相关变量都已被纳入。此外,LISREL 方法在模型检验上具有很大的弹性,允许模型的相互检验以确定虚假相关可能出现的具体形式。在很多情况下,虚假相关可以通过这些检验被排除。如果没有被排除,来自直接因果作用模型的估计应该被谨慎对待,并在公因子或不可测量变量模型对数据的拟合同等有效这一事实基础上加以解释。

第 **6** 章

关于在面板分析中进行因果推论的结语

　　本书回顾了多种通过面板数据分析增强因果推论过程的方法。面板数据可以用来估计含有各种时滞设定、交互因果关系以及测量误差的模型,那些试图控制变量间潜在虚假相关的模型也可以得到估计。我们在整本书中已经表明,三期或更多轮次的面板数据可以使这些模型的估计和比较更方便,但在克服常见的成功因果推论的障碍上,相对截面数据,即便是二期面板数据也具有显著优势。

　　尽管比起截面和其他观测研究设计,面板数据分析有许多优点,但本书始终强调,面板数据不可能完全解决经验研究中因果推论方面的所有困难。此处开发的所有模型和方法都依赖于它们各自的假定,它们在特定情况下可能站不住脚或者会导致错误的经验结论。研究者应当时刻保持清醒,因为不同的估计模型可能都能拟合给定的数据,因而在特定研究背景中,没有哪个模型是唯一可接受的。正如 Dwyer (1983:322)提到的:

　　　　从被动的纵向数据中进行因果推论的智慧仅仅开始于人们意识到,一个被接受的模型与其他被同一套数据拒绝的多数模型同样有效。

另外,因果推论的过程并不只是设定并检验你想要证明的作用这么简单,在此过程中,研究者需要努力拒绝各种看似正确的模型,包括那些不含因果作用的模型和对直接因果假设进行检验的模型。这是一项极具挑战性的工作,对此,面板分析为非试验研究提供了当前可获得的、尽管不完美但却最有希望的工具。

附录

附录 | LISREL 矩阵及符号系统

在 LISREL 结构模型中，内生变量用希腊字母 η 指代，外生变量是 ξ，结构扰动项是 ζ。将各个内生变量 η 连接起来的结构效应被标记为 β 系数，将外生变量（或先定变量）ξ 与内生变量连起来的结构效应用 γ 系数标记。例如，一个只含一个历时性地自我影响的变量的简单三期模型可以写成：

$$\eta_1 = \gamma_{11}\xi_1 + \zeta_1$$
$$\eta_2 = \beta_{21}\eta_1 + \zeta_2 \qquad [A1]$$

其中，ξ_1 对应该变量第一轮调查的取值，η_1 和 η_2 分别为第二轮和第三轮的变量值。用矩阵形式表示，该系统如下所示：

$$\begin{bmatrix} \eta_1 \\ \eta_2 \end{bmatrix} = \begin{bmatrix} 0 & 0 \\ \beta_{21} & 0 \end{bmatrix} \begin{bmatrix} \eta_1 \\ \eta_2 \end{bmatrix} + \begin{bmatrix} \gamma_{11} \\ 0 \end{bmatrix} \xi_1 + \begin{bmatrix} \zeta_1 \\ \zeta_2 \end{bmatrix}$$

LISREL 结构方程系统的多方程矩阵一般形式是：

$$\boldsymbol{\eta} = \mathbf{B}\boldsymbol{\eta} + \boldsymbol{\Gamma}\boldsymbol{\xi} + \boldsymbol{\zeta} \qquad [A2]$$

这里，$\boldsymbol{\eta}$ 是 m 个内生变量的向量，$\boldsymbol{\xi}$ 是 n 个外生变量的向量，$\mathbf{B}$ 是连接内生变量的 β 系数 $(m \times m)$ 矩阵，$\boldsymbol{\Gamma}$ 是一个 $(m \times n)$ 的连接外生变量和内生变量的 γ 系数矩阵，$\boldsymbol{\zeta}$ 是一个 $(m \times 1)$ 的结构扰动项向量。其他与估计目的相关的矩阵还有 $(n \times n)$

的外生变量方差协方差矩阵 $\mathbf{\Phi}$ 以及 $(m \times m)$ 的结构扰动项的方差协方差矩阵 $\mathbf{\Psi}$。

当变量含有随机测量误差时,使用矩阵形式同时表示一个模型的测量方程和结构方程可使这个程序得到扩展。如果 η 是内生变量的真实得分,λ_y 是真实得分对观测指标 Y 的回归系数,测量模型的多方程矩阵将会是:

$$\mathbf{y} = \mathbf{\Lambda}_y \mathbf{\eta} + \mathbf{\varepsilon} \qquad [A3]$$

上面的 $\mathbf{y}$ 是内生变量所有 q 个指标的 $(q \times 1)$ 向量,$\mathbf{\Lambda}_y$ 是将 m 个内生变量与对应指标连接起来的 $\lambda_y (q \times m)$ 矩阵,$\mathbf{\varepsilon}$ 是指标测量误差的 $(q \times 1)$ 向量。测量误差的方差协方差被汇拢在 $(q \times q)$ 的矩阵 $\mathbf{\theta}_\varepsilon$ 中,其单个元素是 θ_ε。

当模型含有外生变量时,它们的每个指标可以被写成同样的一套测量方程。方程 A3 的对应方程为:

$$\mathbf{x} = \mathbf{\Lambda}_x \mathbf{\xi} + \mathbf{\delta} \qquad [A4]$$

其中,$\mathbf{x}$ 是外生变量 ξ 的 p 个指标的 $(p \times 1)$ 向量,$\mathbf{\Lambda}_x$ 是一个 $(p \times n)$ 的连接 n 个外生变量与对应指标的 λ_x 矩阵,$\mathbf{\delta}$ 是一个 $(p \times 1)$ 的指标测量误差向量。外生变量指标的测量误差的方差协方差都在 $(p \times p)$ 的矩阵 $\mathbf{\theta}_\delta$ 中,其单个元素为 θ_δ。

注释

[1] 面板数据的这些特点在其他形式的纵向数据中也能找到,"合并的时间序列数据"将多个单位的时间序列数据合并成单个的数据集(Sayrs,1989)。尽管这两类数据没有形式上的区别,但合并的时间序列数据通常被认为含有更多时点,而面板数据含有更多的案例,它往往只包含大量案例的第二到第五轮数据。这种区别使对两种数据的分析策略也不尽相同(Kessler & Greenberg, 1981:第 11 章;Tuma & Hannan,1984:第 2 章)。

[2] 见 Allison(1990)以及 Judd 和 Kenny(1981)关于在何种条件下,无条件的变化得分模型适合分析实验和准实验数据的讨论。

[3] Hargens、Raskin 和 Allison(1976:454—455)在一项关于科研产出的分析中认为,一个没有时滞 Y 变量的模型"似乎特别适用于那些在每个时间间隔上都必须重新创造或生产的……变量,而不是那些具有内在稳定性原则的变量。换言之,除非对其采取行动,否则这些变量会倾向于保持不变的变量"。

[4] 其他含有滞后 Y 变量作为自变量的理论模型还包括适应性预期模型和Koyck 分布式滞后模型。在适应性预期模型中,因变量的真实值由自变量的未知"期望"值而非真实值决定,模型设定该期望值由上一时期的期望值的修正产生,修正量为最后一个时期的期望值与真实值之差的一个固定比例。而在 Koyck 模型中,Y 的当前值由 X 的当前值与所有过往值决定。这些模型通过代数运算,能产生一般形式与部分调整模型相同的估计方程,只是误差项结构不同,并引发了统计估计上的不同问题。关于这些模型及相关估计方法的具体介绍,见 Gujarati(1988)的著作。

[5] 正如 Plewis(1985:60) 所说:"(X_t 和 Y_t)之间的因果关联……与其说意味着同步作用,不如说意味着这样一种可能性,即 X 在时点 1 之后某个时间发生的变化将导致时点 2 时 Y 的变化,而所谓的'某个时间'没有任何精确的界定。"

[6] 由于 X_1、X_2、ΔX 中的每一个变量都是另外两个的线性组合,因而无法将三个变量同时纳入同一个回归模型以估计它们的独特效应。Kessler 和 Greenberg(1981:第 6 章)建议了一些估计全部效应的方法,但需要对三者的效应大小或它们的相互关系进行一些严格的假定,或者对该因果系引入更多的信息。

[7] 这两个估计的一致性可被当做模型的整体检验之一。Tuma 和 Hanan

(1984:344)指出,如果两个估计分歧很大,这表明不是初始微分方程的函数形式设定错误,就是外生变量 X 的历时变化方式设定错误。

[8] SPSS 和其他计算机软件包中的 TSLS 程序提供了每个方程的结构扰动项估计,U_1、U_2 之间的标准化协方差就是这些估计之间的相关系数。如果是通过 LISREL 的最大似然程序估计同步作用模型,那么模型带有的一个自由度允许对模型的假定进行正式的统计检验。如果 χ^2 值大于 3.84(即自由度为 1 时,0.05 显著性水平上的临界值),那么有关扰动项之间的共变为 0 的假定在总体中是不成立的。但是,不对这些参数进行约束,又会导致模型不可识别,除非纳入新的外生变量。

[9] Gillespie 和 Fox 的讨论严格限定在他们所谓的"平行"联立方程模型内,后者代表不同单位的相同变量之间的相互作用,例如某个青年的职业期望与其好朋友的职业期望是交互相关的。特别是在这些情况下,结构扰动项之间的负向共变在理论上是非常不可能的,但"内生变量和外生变量测量中的随机误差造成的后果和遗漏一系列外生变量的交叉—滞后作用的后果……(看起来)都适用于非递归模型"(Gillespie & Fox,1980:304)。

[10] 通过一致性限定得到估计的三期模型的一个相关问题在于,这一模型要求因果系统在整个面板期间尚未处于平衡状态。如果情况确实如此,那么更多期次的观察并不会提供更多有关变量协方差的新信息,因为第二轮至第三轮之间的协方差将等于第一轮、第二轮之间的取值。因而模型无法从经验上得到识别。Kessler 和 Greeberg(1981:37—46)表明,只有当系统远未达到平衡时,一致性限制这种方法才能产生精确的参数估计。

[11] 在标准化了的测量模型中,η_t 的方差被固定为 1,所以 λ_{kt} 为一个自由参数。如果观察指标同样被标准化,那么 λ_{kt} 代表潜变量与观察指标之间的相关,这有时被称为"认知性相关"或"效度系数"(Sullivan & Feldman,1979)。

[12] 如果随机误差出现在因变量中,对于自变量效应的 OLS 估计将会无偏但缺乏效率,因为方程的结构扰动项估计值将会被夸大。见 Berry 和 Feldman(1985:27—28)的著作。

[13] 如果 $y_t = \lambda_{tt}\eta_t + \varepsilon_t$ 且所有变量都被标准化,那么,把这一方程平方,然后求其期望值,将得到 $1 = \lambda_{tt}^2 + \delta_\varepsilon^2$,所以误差项的方差等于 $1 - \lambda_{tt}^2$。

[14] 不过,Werts 等人(1971)指出,如果在 Wiley-Wiley 模型中不作出误差方差相等的假设,那么"中间"指标 y_2 的误差方差可识别,其信度可以这样计算得到:$\rho_{y_2y_2} = r_{12}r_{23}/r_{13}$。但如果没有更多的限定,其他参数都

　　将无法识别。

[15] 表中所示为潜变量和观察指标的方差都被标准化为 1 的"完全标准化解"。LISREL 也能产生一种仅仅只有潜变量的方差被标准化为 1 的标准化解。如果使用的是后一种结果,那么每个指标的信度应该这样计算:$\lambda^2 / [\lambda^2 + \mathrm{Var}(\varepsilon)]$。

[16] 在三期或多期模型中,其他可能的设定错误还包括:遗漏从第一轮调查的滞后内生变量到第三轮的内生变量的因果参数;遗漏从 ε_1 到 ε_3 的二阶自相关效应,还有其他对误差项结构的错误设定。所有这些模式还会使滞后的内生变量的稳定效应往高的方向偏,这在未设定这些效应的模型中,体现为负向自相关。如果模型中有足够的自由度,那么这些效应都可以被纳入 LISREL 并进行检验。

[17] 这种类型的三期模型可能存在一些偏差,因为时间 1 的扰动项含有时间 1 变量的所有变异,而时间 2 和时间 3 的扰动项仅含有残余的变异。如果有四轮或更多轮次的调查数据,扰动项的协方差或相关相等的假定可以设定在时间 2、时间 3、时间 4 等的扰动项之间。

参考文献

Allison, P. D. (1990). "Change scores as dependent variables in regression analysis." In C. C. Clogg (ed.), *Sociological Methodology 1990*. Oxford: Basil Blackwell.

Arminger, G. (1986). "Linear stochastic differential quation models for panel data with unobserved variables." In N. B. Tuma(ed.), *Sociological Methodology 1986*. San Francisco: Jossey-Bass.

Arminger, G. (1987). "Misspecification, asymptotic stability and ordinal variables in the analysis of panel data." *Sociological Methods & Research 15*: 336—348.

Asher, H. B. (1983). *Causal Modeling*. Sage University Paper series on Quantitative Applications in the Social Sciences, 07—003. Beverly Hills, CA: Sage.

Bentler, P. M. (1985). *Theory and Implementation of EQS: A Structural Equations Program*. Los Angeles: BMDP Statistical Software, Inc.

Berry, W. D. (1984). *Nonrecursive Causal Models*. Sage University Paper series on Quantitative Applications in the Social Sciences, 07—037. Beverly Hills, CA: Sage.

Berry, W. D. & Feldman, S. (1985). *Multiple Regression in Practice*. Sage University Paper series on Quantitative Applications in the Social Sciences, 07—050. Beverly Hills, CA: Sage.

Bohrnstedt, G. W. (1969). "Observations on the measurement of change." In E. F. Borgatta(ed.), *Sociological Methodology 1969*. San Francisco: Jossey-Bass.

Bollen, K. (1989). *Structural Equations With Latent Variables*. New York: Wiley.

Carmines, E. G. & Zeller, R. (1979). *Reliability and Validity Assessment*. Sage University Paper series on Quantitative Applications in the Social Sciences, 07—017. Beverly Hills. CA. Sage.

Coleman, J. S. (1968). "The mathematical study of change." In H. Blalock & A. Blalock (eds.), *Methodology in Social Research*. New York: McGraw-Hill.

Costner, H. L. (1969). "Theory, deduction and the rules of correspondence." *American Journal of Sociology 75*: 245—263.

Duncan, O. D. (1969). "Some linear models for two wave, two variable panel analysis." *Psychological Bulletin 72*: 177—82.

Dwyer, J. H. (1983). *Statistical Models for the Social and Behavioral Sciences*. New York: Oxford University Press.

Elliott, D. S. , Huizinga, D. H. & Ageton, S. S. (1985). *Explaining Delinquency and Drug Use*. Beverly Hills. CA: Sage.

Feldman, S. (1989). "The reliability and stability of policy positions: Evidence from a five-wave panel study ." In J. A. Stimson(ed.). *Political Analysis*. Ann Arbor: University of Michigan Press.

Finkel, S. E. (1993). "Reexamining the 'minimal effects' model in recent presidential elections." *Journal of Politics 55*: 1—21.

Finkel, S. E. , Muller, E. N. & OPP, K. -D. (1989). "Personal influence, collective rationality, and mass political action." *American Political Science Review 83*: 885—903.

Gillespie, M. W. & Fox, J. (1980). "Specification error and negatively correlated disturbances in 'parallel' simultaneous-equation models." *Sociological Methods & Research 8*: 273—308.

Gottfredson, M. & Hirschi, T. (1987). "The methodological adequacy of longitudinal research on crime and delinquency." *Criminology 25*: 581—614.

Green, D. & Palmquist, B. (1990). "Of artifacts and partisan stability." *American Journal of Political Science* 34: 872—902.

Gujarati, D. (1988). *Basic Econometrics*. New York: McGraw-Hill.

Hannan, M. T. & Young, A. A. (1977). "Estimation in panel models: Results on pooling cross-sections and time series." In D. R. Heise(ed.), *Sociological Methodology 1977*. San Francisco: Jossey-Bass.

Hargens, L. L. , Raskin, B. F. & Allison, P. D. (1976). "Problems in estimating measurement error from panel data: An example involving the measurement of scientific productivity." *Sociological Methods & Research 4*: 439—458.

Hayduk, L. A. (1987). *Structural Equation Modeling With LISREL: Essentials and Advances*. Baltimore: Johns Hopkins University Press.

Heise, D. R. (1969). "Separating reliability and stability in test-retest correlation." *American Sociological Review 34*: 93—101.

Hendrickson, L. & Jones, B. (1987). "A study on longitudinal causal models comparing gain score analysis with structural equation approaches. "

In P. Cuttance & R. Ecob (eds.), *Structural Modeling by Example*. Cambridge: Cambridge University Press.

Jagodzinski, W. , Kühnel, S. , M. & Schmidt, P. (1987). "Is there a 'Socratic effect' in nonexperimental panel studies?" *Sociological Methods & Research 15* : 259—302.

Jennings, M. K. & Niemi, R. (1975). "Continuity and change in political orientations: A longitudinal study of two generation. " *American Political Science Review 69* : 1316—1355.

Johnston, J. (1972). *Econometric Methods*. New York: McGraw-Hill.

Jöreskog, K. G. & Sörbom, D. (1976). "Statistical models and methods for analysis of longitudinal data. " In D. J. Aigner & A. S. Goldberger (eds.), *Latent Variables in Socioeconomic Models*. Amsterdam: North Holland.

Jöreskog, K. G. & Sörbom, D. (1989). *LISREL 7 : A guide to the Program and Applications*. Chicago: SPSS.

Judd, C. M. & Kenny, D. A. (1981). *Estimating the Effects of Social Interventions*. Cambridge: Cambridge University Press.

Judd, C. M. , Krosnick, J. & Milburn, M. A. (1981). "Political involvement and attitude structure in the general public. " *American Sociological Review 46* : 660—669.

Kenny, D. A. (1973). "Cross-lagged and synchronous common factors in panel data. " In A. S. Goldberger & O. D. Duncan (eds.), *Structural Equation Models in the Social Sciences*. New York: Seminar Press.

Kessler, R. C. & Greenberg, D. F. (1981). *Linear Panel Analysis*. New York: Academic Press.

Liker, J. K. , Augustyniak, S. & Duncan, G. J. (1985). "Panel data and models of change: A comparison of first difference and conventional two-wave models. " *Social Science Research 14* : 80—101.

Long, J. S. (1983a). *Confirmatory Factor Analysis*. Sage University Paper series on Quantitative Applications in the Social Sciences, 07—033. Beverly Hills, CA: Sage.

Long, J. S. (1983b). *Covariance Structure Models : An Introduction to LIS-REL*. Sage University Paper series on Quantitative Applications in the Social Sciences, 07—034. Beverly Hills. CA: Sage.

Markus, G. B. (1979). *Analyzing Panel Data*. Sage University Paper series on Quantitative Applications in the Social Sciences, 07—018. Beverly

Hills, CA: Sage.

Markus, G. B. (1982). "Political attitudes in an election year." *American Political Science Review 76*: 538—560.

Mayer, L. S. & Carroll, S. S. (1987). "Testing for lagged, cotemporal and total dependence in cross-lagged panel analysis." *Sociological Methods & Research* 16: 187—217.

McAdams, J. (1986). "Alternatives for dealing with errors in the variables: An example using panel data." *American Journal of Political Science* 30: 256—278.

McArdle, J. J. & Aber, M. S. (1990). "Patterns of change within latent variable structural equation models." In A. Von Eye(ed.), *Statistical Methods in Longitudinal Research. Volume 1: Principles and Structuring Change*. San Diego: Academic Press.

McDonald, R. P. (1980). "A simple comprehensive model for the analysis of covariance structures: Some remarks on application." *British Journal of Mathematical and Statistical Psychology 33*: 161—183.

Menard, S. (1991). *Longitudinal Research*. Sage University Paper series on Quantitative Applications in the Social Sciences, 07—076. Newbury Park. CA: Sage.

Menard, S. & Elliott, D. S. (1990). "Longitudinal and cross-sectional data collection and analysis in the study of crime and delinquency." *Justice Quarterly 7*: 11—55.

Nesselroade, J. R., Stigler, S. M. & Baltes, P. B. (1980). "Regression toward the mean and the study of change." *Psychological Bulletin 88*: 622—637.

Ostrom, C. W. (1978). *Time Series Analysis: Regression Techniques*. Sage University Paper series on Quantitative Applications in the Social Sciences, 07—009. Beverly Hills, CA: Sage.

Palmquist, B. & Green, D. (1989, September). "Estimation of correlated measurement errors in panel data." Paper presented at the annual meeting of the American Political Science Association, Washington. DC.

Plewis, I. (1985). *Analysing Change: Measurement and Exploration Using Longitudinal Data*. Chichester. UK: John Wiley.

Porst, R., Schmidt, P. & Zeifang, K. (1987). "Comparison of subgroups by models with multiple indicator." *Sociological Methods & Research* 15: 303—315.

Raffolovich, L. E. & Bohrnstedt, G. W. (1987). "Common, specific and error variance components of factor models: Estimation with longitudinal data." *Sociological Methods & Research 15* : 385—405.

Rindskopf, D. M. (1984). "Using phantom and imaginary latent variables to parametrize constraints in linear structural models." *Psychometrika 49* : 37—47.

Rogosa, D. (1979). "Causal models in longitudinal research: Rationale, formulation. and interpretation." In J. R. Nesselroade & P. B. Baltes (eds.), *Longitudinal Research in the Study of Behavior and Development*. New York: Academic Press.

Sayrs, L. W. (1989). *Pooled Time Series Analysis*. Sage University Paper series on Quantitative Applications in the Social Sciences, 07—070. Newbury Park. CA: Sage.

Shingles, R. D. (1976). "Causal inference in cross-lagged panel analysis." *Political Methodology 3* : 95—133.

Stimson, J. A. (1985). "Regression in space and time: A statistical essay." *American Journal of Political Science 29* : 914—947.

Sullivan, J. & Feldman, S. (1979). *Multiple Indicators : An Introduction*. Sage University Paper series on Quantitative Applications in the Social Sciences, 07—015. Beverly Hills. CA. Sage.

Tuma, N. & Hannan, M. (1984). *Social Dynamics*. New York: Academic Press.

Werts, C. E. , Jöreskog, K. G. & Linn, R. L. (1971). "Comment on 'The estimation of measurement error in panel data'." *American Sociological Review 36* : 110—113.

Wheaton, B. , Muthén, B. , Alwin, D. F. & Summers, G. F. (1977). "Assessing reliability and stability in panel models." In D. R. Heise(ed.), *Sociological Methodology 1977*. San Francisco: Jossey-Bass.

Wiley, D. E. & Wiley, J. A. (1970). "The estimation of measurement error in panel data." *American Sociological Review 35* : 112—117.

Wiley, J. A. & Wiley, M. G. (1974). "A note on correlated errors in repeated measurements." *Sociological Methods & Research 3* : 172—188.

译名对照表

unconditional change-score	无条件变化得分
alternative models	替代模型
autocorrelated disturbances	自相关的扰动项
causal lag	因果时滞
change	变化
common factor	公因子
common factor models	公因子模型
conditional change	条件变化
congeneric	同源的
correlated measurement error models	测量误差相关的模型
cotemporal	同时的
covariation	共变
cross-lagged correlation	交叉滞后相关
cross-lagged and synchronous effects model	交叉滞后及同步效应模型
delinquent behavior	违法行为/越轨行为
economic force	经济力
employment base	雇用基数
endogenous	内生的
exogenous variable	外生变量
feedback effects	反馈效应
feeling thermometer	感觉温度计/民意评分
first differences	一阶差分
first-order autoregressive	一阶自回归
Granger causes	葛兰杰原因
Granger test	葛兰杰检验
group membership	群体资格
indicator	指标
individual permanent effects	个体固定效应
instantaneous rate of change	瞬时变化速率
involement with delinquent peers	违法同伴牵涉度、亲密度
involvement with delinquent peer group	与违法同伴群体的牵涉度

lag specifications	时滞设定
lagged	滞后/延宕
lagged effects model	滞后作用模型
lagged value	滞后值
latent variable	潜变量
later value	后期取值/后续取值
legal protest potential index	合法抗议倾向指标
LISREL	线性结构关系分析软件
measurement equations	测量方程
measurement error	测量误差
nonrecursive model	非递归模型
omitted variables	被遗漏变量
outside variable	外部变量
panel data	面板数据/跟踪调查数据
parallel measures	平行测量
partial adjustment model	部分调整模型
pooled cross-section	混合截面数据
pooled maximum likelihood methods	混合的最大似然估计法
potential causal	潜在的因果次序
prior	早前的、先前的
prior values	早前取值
reciprocal causality	交互因果/互为因果
reciprocal effects	交互作用
reliability	信度
repeated cross-section	重复截面调查
restrictive assumptions	限制性假定
scale	尺度/刻度
self-reported delinquent behavior	自报的违法行为
self-selection	自我选择
single-indicator measurement model	单指标测量模型
spurious association	虚假相关
static-score	稳定得分
stability	稳定性

structural disturbance term	结构扰动项
structural equations	结构方程
synchronous	同步的
tau-equivalent	tau 相等
temporal order	时间先后
time series	时间序列
true-score	真实得分/真实值
unidirectional causality	单向因果关系
unique error variance	纯误差方差
unmeasured	不可测量的
unmeasured variable	不可测量变量
unmeasured variable model	不可测量变量模型
validity	效度
wave	轮次/期次
two-wave model	二期模型
two-wave two-indicator model	二期双指标模型
three-wave three-variable model	三期三指标模型

图书在版编目(CIP)数据

用面板数据做因果分析/(美)芬克尔
(Finkel, S. E.)著;李丁译.—上海:格致出版社:
上海人民出版社,2016(2019.7 重印)
(格致方法·定量研究系列)
ISBN 978-7-5432-2614-2

Ⅰ.①用… Ⅱ.①芬…②李… Ⅲ.①经济统计-统
计数据-经济计量分析 Ⅳ.①F224.0

中国版本图书馆 CIP 数据核字(2016)第 062918 号

责任编辑 顾 悦

格致方法·定量研究系列

用面板数据做因果分析

[美]史蒂芬·E.芬克尔 著

李丁 译

出 版 格致出版社
上海人&出版社
(200001 上海福建中路 193 号)
发 行 上海人民出版社发行中心
印 刷 浙江临安曙光印务有限公司
开 本 920×1168 1/32
印 张 4.75
字 数 92,000
版 次 2016 年 4 月第 1 版
印 次 2019 年 7 月第 2 次印刷
ISBN 978-7-5432-2614-2/C·144
定 价 35.00 元

Causal Analysis with Panel Data

本书版权归 SAGE Publications 所有。由 SAGE Publications 授权翻译出版。

上海市版权局著作权合同登记号:图字 09-2009-551